Birgit Blessing

Mit Kindern unterwegs

Naturpark Schwarzwald
Mitte/Nord

Fleischhauer & Spohn Verlag

Titelbild: wurde von der Verfasserin aufgenommen

Bildnachweis: S. 5 Dagmar Karius, S. 12 Schmuckmuseum Pforz-
                 heim, S. 19 Schloss Neuenbürg, S. 21, 154 Kurver-
                 waltung Waldbronn, S. 39, 41, 46, 59 Dieter Keil-
                 bach, S. 63 Naturpark Schwarzwald Mitte/Nord,
                 S. 74, 77, 153, 166 Cornelia Hampel, S. 79, 80 Tou-
                 rist Information Alpirsbach, S. 94 Vera Faupel/Alter-
                 nativer Bärenpark Worbis, S. 104 Ferienhof Hirsch-
                 feld, S. 106 Kamelhof Rotfelden, S. 130 Silke
                 Quenter. Die restlichen Aufnahmen stammen von der
                 Verfasserin.

U4-Karte: KGS Kartographie und Grafik Schlaich, Geislingen
                 www.schlaich.de

© 1989 by Fleischhauer & Spohn Verlag, 74321 Bietigheim-
Bissingen, www.verlag-fleischhauer.de

5. Auflage 2008

Gesamtherstellung: Laub GmbH & Co., 74834 Elztal-Dallau

ISBN: 978-3-87230-604-3

Inhalt

3

Inhalt

Inhalt

Spielpausen sind wichtig!

Grußwort

Schwarzwald Tourismus GmbH

Mit besonderer Freude schreibe ich dieses Vorwort zur nunmehr fünften Auflage des Familien-Ausflugs-Buches von Birgit Blessing. „Mit Kindern unterwegs – Im Naturpark Schwarzwald Mitte/Nord" ist ein eindrucksvoller Beleg für die Vielseitigkeit und die Aktualität der Familienangebote im Schwarzwald. Zugleich ist dieses Buch eine ideale Planungshilfe für den gelungenen Urlaub.

Seit der letzten Ausgabe des Buches hat sich eine entscheidende Entwicklung im Schwarzwald vollzogen, von der Familien ganz besonders profitieren. Unser Service-Angebot KONUS, das den Inhabern der KONUS-Gästekarte freie Fahrt mit Bus und Bahn gibt, gilt jetzt mit Ausnahme der Stadtverkehre in Pforzheim und Karlsruhe auch bei allen Verkehrsverbünden im Norden der Ferienregion.

Wer mit Kindern in der Ferienregion im Südwesten Deutschlands unterwegs ist, wird dabei immer wieder erleben können, wie familienfreundlich unsere Gastgeber sind. Und der Leser dieses Buches von Birgit Blessing wird manche Familienattraktion finden, die er in der Fülle des Angebotes vielleicht ohne die ausführliche Recherche der Autorin übersehen hätte.

Bei der Weiterentwicklung der touristischen Angebote im Schwarzwald haben wir in den letzten Jahren auch für unsere jungen Gäste viele neue Attraktionen geschaffen. Dazu zählen spannende Erlebniswege und Themenpfade, die der ganzen Familie viel Spaß machen. Oder eine Buggy-Bergtour, ein märchenhafter Schlossbesuch, ein Ausflug zum Kamelhof: Es gibt Erlebnisangebote der unterschiedlichsten Art, mal unterhaltend, mal spannend, immer kurzweilig. Für die gute Laune ist also gesorgt.

Das Team der Schwarzwald Tourismus GmbH und ich wünschen den Lesern dieses Buches, dass sie Zeit genug finden, so viele Ausflugs-Tipps wie möglich umzusetzen. Egal ob Sie zu Fuß unterwegs sind, mit dem Auto oder den öffentlichen Verkehrsmitteln unsere schöne Ferienregion erkunden, Sie werden viele gute Gründe finden wiederzukommen. Und Sie sind uns herzlich willkommen.

Christopher Krull
Geschäftsführer Schwarzwald Tourismus GmbH

Aktuelle Informationen zur Ferienregion Schwarzwald finden Sie im Internet rund um die Uhr unter www.schwarzwald-tourismus.info oder unter Telefon 0761 8964673.

Broschüren und kostenfreie Planungshilfen können Sie jederzeit über die Info- und Prospekthotline Schwarzwald anfordern:
Telefon 01805 661224 (14 Ct./Min., Mobilfunk kann abweichen)
Telefax 01805 661225 (14 Ct./Min., Mobilfunk kann abweichen)
oder prospektservice@schwarzwald-tourismus.info

Ein Bild wie aus vergangenen Zeiten: die Mühle am Rain

SCHWARZWALD

KONUS und SchwarzwaldCard schonen das Urlaubsbudget

So abwechslungsreich die Landschaft ist, so vielfältig das Angebot an Sehenswürdigkeiten, Attraktionen, Freizeit- und Erlebnisparks – so sorgfältig wird man auch das Urlaubsbudget planen wollen. Hier hat die Ferienregion Schwarzwald – zu welcher der Naturpark gehört – zwei einzigartige Angebote entwickelt, die richtig Geld sparen helfen: die KONUS-Gästekarte und die SchwarzwaldCard.

Mehr als 100 Tourismusgemeinden mit über 6 000 Gastgebern bieten ihren Gästen den einzigartigen Service an. Ohne Mehrkosten können die Urlauber die Busse und Bahnen aller neun Verkehrsverbünde in der Ferienregion nutzen. Die Gästekarte gilt als Ticket. Ausgenommen sind lediglich die Stadtverkehre von Karlsruhe und Pforzheim.

Mit der KONUS-Gästekarte sind die Urlauber im Südwesten Deutschlands auf einzigartige Weise mobil: im „richtigen" Ferienort buchen, ankommen, Auto abstellen und ohne Parkplatzsorgen zur Wanderung, Entdeckungstour oder zum Einkaufsbummel starten. Mit der KONUS-Gästekarte lässt sich die 11 400 Quadratkilometer große Region zwischen Rhein und Neckar, Pforzheim und Basel problemlos und ohne Mehrkosten bereisen. „Einfach einsteigen und fahren" ist das Motto. Keiner muss sich um Tarifzonen und Kleingeld sorgen. Es gilt einfach nur, bei der Planung nach der KONUS-Gästekarte zu fragen.

Mehr Infos: www.konus-schwarzwald.info

SchwarzwaldCard – nicht gratis, aber Kosten sparend

Begeisterung löst bei den jungen Besuchern des Schwarzwaldes natürlich immer wieder der Besuch in einem der Freizeitparks aus. Der größte in der Ferienregion ist der „Europa-Park" in Rust, besonders beliebt ist auch der „Schwarzwaldpark" in Löffingen und der „Steinwasen Park" bei Oberried. Aber auch Hochseilgärten, Waldklettergärten, Sommerrodelbahnen und Flussfahrten in den Rheinauen sind bei Familien besonders beliebt. Auch wenn es mal regnet, findet man leicht ein trockenes Ausflugsziel. Zum Beispiel in einem Besucherbergwerk oder in einem der zahlreichen Museen.

Entdeckungsfreudige Urlauber sparen dabei viel mehr mit der SchwarzwaldCard – in drei Tagen leicht um 60 Euro. Sie gibt freien Eintritt bzw. freie Fahrt und sonstige Vorteile bei 150 Attraktionen in der gesamten Ferienregion und gilt jeweils von Dezember bis Anfang November des Folgejahres an drei frei wählbaren Tagen.

Viele Attraktionen gewähren auch über die drei Tage hinaus einmalig freien Eintritt. Wer also gut plant, kann mit der Vorteilskarte noch mehr sparen. In der Basisversion kostet die SchwarzwaldCard für Erwachsene 31 Euro, für Kinder zwischen vier und elf Jahren 21 Euro und für Familien mit bis zu drei minderjährigen Kindern 99 Euro. Die SchwarzwaldCard inklusive einem Tag Europa-Park kostet 53 Euro für Erwachsene, 43 für Kinder und 179 für Familien (www.schwarzwaldcard.info)

Hier gilt KONUS:

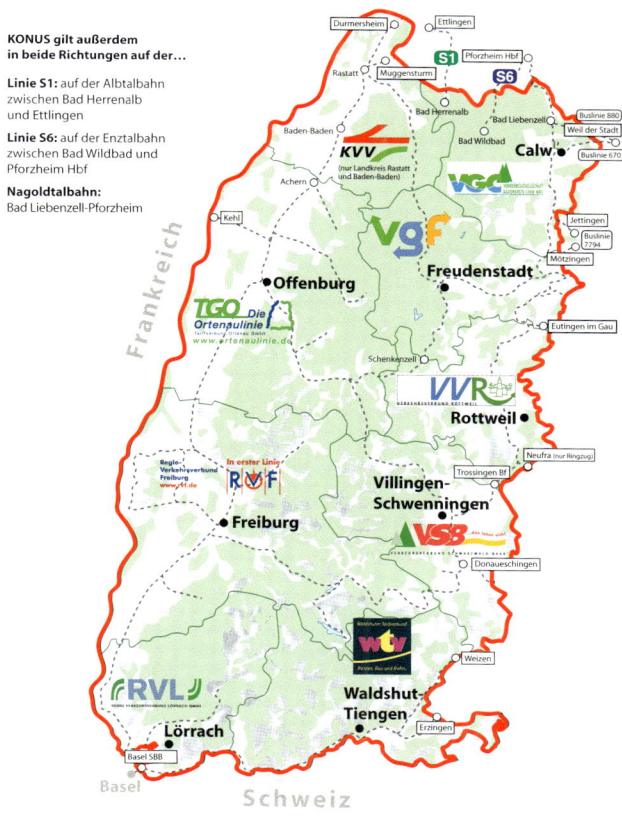

KONUS gilt außerdem in beide Richtungen auf der…

Linie S1: auf der Albtalbahn zwischen Bad Herrenalb und Ettlingen

Linie S6: auf der Enztalbahn zwischen Bad Wildbad und Pforzheim Hbf

Nagoldtalbahn: Bad Liebenzell-Pforzheim

—— Verbundgrenze	—— KONUS-Gültigkeitsbereich
- - - Bahnlinie	XY Endhaltestelle Tarifgebiet KONUS

Vorwort

Hallo Kinder, liebe Eltern,

schön, dass Sie als Familie mit mir den nördlichen und mittleren Schwarzwald (neu) entdecken wollen! Dies ist die 5. Auflage. Für mich heißt das aber nur: zum 5. Mal neu geschrieben. Was an Zielen beibehalten wurde, ist neu abgewandert, neu geschrieben und fotografiert worden.

Dieses Mal ist aber auch ganz viel Neues hinzugekommen. Es hat sich nämlich in jeder Hinsicht viel getan im Schwarzwald. Der nördliche und mittlere Schwarzwald ist nicht mehr nur eine geografische und touristische Region. Er darf jetzt (ergänzend zum Naturpark Südschwarzwald) als Naturpark Mitte/Nord firmieren und das hat einen immensen Schub bewirkt. Gerade für Familien sind unglaublich schöne Themenwege, viele neue Einrichtungen und Attraktionen entstanden. Im vorliegenden Band gibt es deshalb 41 Kapitel, mehr als je zuvor. Jedes Kapitel steht für einen Ausflugstag mit Wandern, Besichtigen, Spielen und Erleben. Für jedes Alter, für jedes Wetter und für jede Jahreszeit. Tipps ergänzen die einzelnen Kapitel und geben zusätzliche Hinweise, wie man den Ausflug dieses oder ein anderes Mal abändern kann. Lassen Sie sich überraschen.

Überall sind Internetadressen angegeben, so dass Sie sich kurzfristig noch einmal vergewissern können, ob die angegebenen Öffnungszeiten noch gültig sind. Eintrittspreise werden nicht genannt, weil sie sich oft schnell ändern. Dafür ist vermerkt, wenn etwas keinen Eintritt kostet. Auch das gibt es nämlich noch – sogar öfter, als man das vermutet.

Alles ist bei Erscheinen auf dem neuesten Stand. Sollten Sie bei einem Ihrer Ausflüge etwas besonders Schönes erleben oder feststellen müssen, dass sich etwas geändert hat, freue ich mich über eine Nachricht an den Verlag.

Ich wünsche Ihnen und euch Kindern so viel Spaß, nette Begegnungen mit anderen Ausflüglern und spannende Erlebnisse, wie ich sie auf meinen Entdeckungsreisen im Schwarzwald hatte.

Birgit Blessing

Herrlich anzuschauen: das Schwarzwälder Pferd

1 Spannend und umsonst

Im familienfreundlichen Pforzheim

Pforzheim ist neben Karlsruhe die größte Stadt im und am nördlichen Schwarzwald. Es gibt unzählige, für Kinder spannende Orte und Museen und bei (fast) allen ist der Eintritt frei! Familienfreundlicher geht es nicht und viele Eltern freuen sich, dass es so etwas tatsächlich noch irgendwo gibt.

Pforzheim liegt, wie alle größeren Städte des Schwarzwalds, am Rand des Schwarzwalds. Genauer gesagt, es liegt an seinem Nordostrand; dort, wo Enz, Nagold und Würm zusammenfließen. Schon im Namen (vom lat. „portus" = Pforte) klingt es an: Pforzheim ist das „Tor" zum Schwarzwald, der Ausgangspunkt dreier Weitwanderwege und der „Schwarzwald-Bäderstraße". Den zweiten Beinamen „Gold-

Kinderführung im Schmuckmuseum Pforzheim

stadt" verdankt Pforzheim dem Umstand, dass es zum Zentrum der deutschen Schmuck- und Uhrenindustrie geworden ist. Sehenswert ist deshalb das **Schmuckmuseum Pforzheim** im an sich schon sehenswerten Reuchlinhaus, das tausende Schmuckstücke aus fünf Jahrtausenden ausstellt. Zu bestimmten Terminen gibt es Workshops. Unter der Anleitung einer Schmuckdesignerin können Kinder Metall bearbeiten, Holz sägen oder Perlen auffädeln und sich ein ganz persönliches Schmuckstück fertigen, das natürlich auch mit nach Hause genommen werden darf. Und was sich hinter dem „Rollenden Kinderschmuckmuseum" verbirgt, das sollte bei nächster Gelegenheit einmal erforscht werden...

2005 wurden die **Schmuckwelten Pforzheim** eröffnet. Auch wenn hier das Einkaufserlebnis im Vordergrund steht, sei das Kinderprogramm, die Familienführungen, die Workshops und die Möglichkeit, einen besonders „schmucken Geburtstag" zu feiern, ausdrücklich empfohlen.

Der Luchs muss für sein Futter ganz schön klettern

Kinder lieben Tiere und selbst Familien, die bei sich zu Hause in ihrer Stadt einen Zoo oder botanischen Garten haben, nutzen gerne einmal die Gelegenheit, einen Ausflug in einen anderen Tierpark zu machen. Und da sind sie in Pforzheim gleich doppelt richtig: Im 16 Hektar großen **Wildpark Pforzheim** sind rund 400 Tiere aus 80 verschiedenen Tierarten zu sehen und zu beobachten. Sogar Luchse gibt es da sowie Pferde mit dem nur schwer auszusprechenden Namen „Przewalski", die noch heute so aussehen wie auf den Höhlenmalereien der Steinzeitmenschen. Es gibt also viel zu sehen und zu erleben in dem schönen und frei zugänglichen Park, in dem auch Hunde (an der Leine) willkommen sind. Weiter gibt es zwei große Erlebnisspielplätze, einen Kinderbauernhof, einen Waldklettergarten, einen Streichelzoo mit Ziegen und Lamas und die Möglichkeit, viele Tiere, mit im Park zu kaufendem Futter, auch zu füttern. Beliebt ist die Junior-Ranger-Ausbildung als Sommerferienprogramm für Kinder von 10 bis 14 Jahren oder „Mit dem Tierpfleger auf Futterrunde" für Kinder ab sechs Jahren. Man kann gar nicht alle Angebote aufzählen, es lohnt sich, im Wildpark nachzufragen oder sich ein Programm zu holen. Erwähnt sei nur noch, dass ganzjährig Erlebnisführungen für Schulklassen und Kindergartengruppen angeboten werden und dass hier auch unvergessliche Kindergeburtstage gefeiert werden können.

Wie der Zoo ist der **Enzauenpark** bei Familien äußerst beliebt. Das ehemalige Gartenschaugelände ist mit seinen Spielplätzen, seinem Biergarten und den übers Jahr verteilten unzähligen Veranstaltungen ein stets beliebter Treffpunkt.

Wie kommt man nach Pforzheim?

ÖPNV/Bahn:	Pforzheim ist im Stundentakt mit den IC-Knotenpunkten Karlsruhe und Stuttgart verbunden
Pkw:	A 8, Ausfahrt Pforzheim Ost (Nr. 45) oder West (Nr. 43); Schmuckmuseum, Schmuckwelten, Wild- und Enzauenpark sind ausgeschildert
Infos:	Pforzheim Tourist-Information Marktplatz 1, 75175 Pforzheim Telefon 07231 14545-60 www.stadt-pforzheim.de

Anzeige

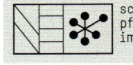

Schmuckmuseum Pforzheim im Reuchlinhaus

Jahnstraße 42, 75173 Pforzheim

ÖPNV/Bahn: vom Hauptbahnhof in wenigen Minuten mit dem Bus erreichbar, Zielhaltestelle „Schmuckmuseum"

Pkw: s. o.

Geöffnet: dienstags bis sonntags, feiertags, außer Hl. Abend und Silvester 10.00 – 17.00 Uhr

Führungen: Kinderführungen in den Ferien und auf Anfrage

Eintritt: bis 14 Jahre frei
Workshops zu bestimmten Terminen und auf Anfrage, Kosten inkl. Schmuckmaterial

Kindergeburtstag: Dauer 2 Stunden, Alter: 6 bis 14 Jahre; sechs Mindestteilnehmer
Kosten inkl. Material für Schmuck

Infos: Telefon 07231 39-2126
www.schmuckmuseum.de

Schmuckwelten Pforzheim

Westliche-Karl-Friedrich-Straße 68, 75172 Pforzheim

ÖPNV/Bahn: Vom Hbf zu Fuß über die Bahnhofstraße

Pkw: s. o.

Geöffnet: montags bis samstags 10.00 – 19.00 Uhr
sonn- und feiertags 11.00 – 18.00 Uhr
Karfreitag, Ostersonntag, 25.12. sowie 01.01. geschlossen

Eintritt: bis 14 Jahre frei

Infos: Telefon 07231 994444
www.schmuckwelten.de

Wildpark Pforzheim
Tiefenbronner Straße 9, 75175 Pforzheim

ÖPNV/Bahn: Busse fahren (ab Hauptbahnhof Pforzheim) direkt zum Wildpark; die Haltestelle befindet sich am Eingang

Pkw: Der Wildpark liegt in der „Tiefenbronner Straße" Richtung Seehaus; Hinweisschilder („Hochschule" bzw. „Wildpark") findet man bereits in der Stadtmitte von Pforzheim. Es gibt einen großen Parkplatz am Eingang (gebührenpflichtig).

Geöffnet: ganzjährig, durchgehend

Eintritt: frei (Spenden erbeten)

Kindergeburtstag: montags bis freitags nach Vereinbarung
Dauer: zwei Stunden, Alter: 6 bis 14 Jahre

Infos: Tourist-Information (s. o.) oder direkt beim Wildpark unter Telefon 07231 393328

Wildtiere ganz zahm

Enzauenpark Pforzheim

ÖPNV/Bahn:	vom Hauptbahnhof in wenigen Minuten mit dem Bus erreichbar, Zielhaltestelle „Enzauenpark"
Pkw:	Der Park liegt am Ortsende, entlang der Enz, direkt an der B 10.
Geöffnet:	jederzeit frei zugänglich
Eintritt:	frei; ausgenommen Einzelveranstaltungen
Infos:	Pforzheim Tourist-Information (s. o.)

Tipps:

Pforzheim hat eine ganze Reihe weiterer für Familien interessanter Sammlungen, bei denen der Eintritt ebenfalls frei ist:
Edelsteinausstellung Schütt gegenüber Schmuckmuseum (Goldschmiedeschulstraße 6, Telefon 07231 22001)
Bäuerliches Museum (Julius-Heydegger-Straße 5, Stadtteil Eutingen, Telefon 07231 391750)
das Museum im Bahnhof Weißenstein mit Modellanlage (Belremstraße 70, Stadtteil Dillweißenstein, Telefon 07231 767969)
Weitere Infos dazu in der Tourist-Information.

Für Naturliebhaber noch zwei Tipps:

Der Natur- und Badesee **Hermannsee** im Ortsteil Büchenbronn bietet Urlaubsgefühle mit Ruderbooten, Minigolf, einem Hotel mit Biergarten (Telefon 07231 720918) und dient als Ausgangspunkt vieler Spaziergänge und Wanderungen. Vom Restaurant „Seehaus" führt ein 6 Kilometer langer Rundweg über einen Naturpfad im Gebiet Hagenschieß (Wegzeichen *Specht*) zum Wildpark und zurück. Auf dem Rückweg garantiert das Felsenmeer mit seinen beeindruckenden Felsformationen, eine ideale Ergänzung zum Wildparkbesuch!

2 Folgt dem Diener Ambrosius!

Märchenhaftes auf Schloss Neuenbürg

Ein Schloss an sich erscheint den meisten von uns märchenhaft. Erst recht in Neuenbürg, wo wirklich wunderbares „Märchentheater" gemacht wird.

Neuenbürg ist ein kleines Städtchen, ungefähr 12 Kilometer von Pforzheim entfernt, zwischen den Kurorten Bad Herrenalb, Wildbad und Bad Liebenzell gelegen. Es wird vom 402 Meter hohen Schlossberg überragt. Schon den Kelten, die vor rund 2 500 Jahren als Erste den Schlossberg besiedelten, erschien er wegen seiner strategischen Bedeutung als der geeignete Platz für eine Befestigung. Die Grafen von Calw-Vaihingen hat dies lange später, um das Jahr 1200, bewogen, hier eine Burg zu errichten. Sie bestand aus zwei eigenständigen Burgen, die durch eine Ringmauer und den Burggraben miteinander verbunden waren. Im 14. Jahrhundert wurden sie von württembergischen Vögten (Verwaltern) bewohnt. 1550 wurde die vordere Burg zum **Schloss** im Renaissance-Stil umgebaut. In neuerer Zeit waren das Forstamt sowie das Finanzamt im Schloss untergebracht. Immer war das Schloss also Verwaltungssitz, war von Beamten bewohnt, was dem Märchenhaften ja eigentlich keinen guten Stoff liefert. Und doch ist heute gerade hier das Märchen „Das kalte Herz", das den Schwarzwald und ganz besonders den Nordschwarzwald charakterisiert, als begehbares Theater installiert: Die Geschichte von Peter Munk, dem Glasmännlein, und dem Holländer-Michel, die der Dichter Wilhelm Hauff erfand. In sechs nacheinander zu begehenden Räumen, bei punktuellem Laserlicht im ansonsten dunklen Raum, mit kantigen, aber sehr ansprechenden Holzskulpturen, mit der sonoren Erzählerstimme ist der Spagat zwischen der Märchenwelt mit Flößern, Glasbläsern, Köhlern, den guten und bösen Geistern und der modernen Welt perfekt gelungen.

Das Märchentheater macht den ersten Teil der Schlossbesichtigung aus. Im zweiten Teil besucht man die Räume des Schlosses. Doch auch das ist keine der üblichen Führungen. Es folgt eine weitere Geschichte: Die Schlossbewohner sind auf Reisen, Polster, Bilder und Einrichtungsgegenstände wurden – wie früher üblich – zur Schonung mit Tüchern verhüllt. Nur der Diener Ambrosius ist noch da. Er ist aber gerne bereit, die Besucher, wo sie doch schon da sind, durch das Schloss zu führen. In den einzelnen Zimmern geht es nun auf Zeitreise in die Vergangenheit der Region. Aus der Not, nicht so viele wertvolle Objekte wie andere zu haben, hat sich als „Tugend" diese außergewöhnliche Begehung des Schlosses ergeben, das heute Teil des Badischen Landesmuseums ist. Eine nette Idee ist, dass es im Schloss ein Zimmer mit Spiel- und Malsachen gibt, in dem sich Familien im Anschluss an das eben Erlebte noch aufhalten und freie Zeit miteinander verbringen können.

Gleich geht's los mit der Schlossbesichtigung

Eine reizvolle Wanderung verbindet das Schloss über den „Frisch-Glück"-Pfad mit dem nahe gelegenen Besucherbergwerk (s. Kap. 37). Wer gut zu Fuß ist, sollte unbedingt die acht Kilometer lange Rundwanderung über den Angelstein machen. Start am Wanderheim beim Schloss, Wegmarkierung des Wanderwegs Nr. 5 ist eine *blaue Raute mit weißem Balken*. Auf die Abzweigung zu den mächtigen Felsformationen achten! Über ein Gestüt mit Islandpferden in Waldrennach führt der Weg zum Bergwerk, von dort direkt zurück zum Wanderheim bzw. zum Schloss.

Wie kommt man zum Schloss Neuenbürg?

ÖPNV/Bahn: gute Zugverbindungen von Karlsruhe oder Stuttgart aus über Pforzheim; ab Karlsruhe oder Pforzheim mit der S-Bahn zu den Bahnhöfen Neuenbürg (Württ.), dann zu Fuß über einen Waldweg zum Schloss oder ab Bahnhof Neuenbürg-Süd zu Fuß über die Fahrstraße in ebenfalls ca. 15 Minuten zum Schloss

Pkw: A 5, A 8 bis Ausfahrt Pforzheim-West (Nr. 43), auf der B 294 Richtung Freudenstadt bis Neuenbürg Stadtmitte, dort parken und vorbei an der St. Georgs-Kirche ebenfalls in rund 15 Minuten zu Fuß zum Schloss gehen

Geöffnet: dienstags bis samstags   13.00 – 18.00 Uhr
sonn- und feiertags   10.00 – 18.00 Uhr
Winterpause vom 7. Januar bis Mitte Februar

Infos: Schloss Neuenbürg
Telefon 07082 7928-60 (Museum), -61, -83
www.schloss-neuenbuerg.de

Kartentipp:
1 : 50 000   LV BW, Freizeitkarte 502, „Pforzheim"

Anzeige

In Waldbronn

Nur spielen, toben, glücklich sein, das können Kinder in Wald-bronn. Für Kinder zwischen 2 und 12 Jahren gibt es hier das „**WA**ldbronner **I**ndoor **KI**nder**LA**nd", kurz „Waikila", wo sie auf 2 200 Quadratmetern Spaß haben können: mit Snapy, dem Riesen-krokodil, auf Trampolinfeldern oder der Mini-Cart-Bahn, auf dem Soft-Mountain oder im Riesen-Bällepool. Und weil Basteln und Malen den meisten Spaß macht, ist dienstags und freitags regel-mäßig „Basteln und Malen mit Barbara" (gratis, keine Anmeldung erforderlich). Ein zusätzliches Plus ist der direkte Weg zwischen Kinderland und Freibad. Das Freibad hat einen großen Kinder-plantschbereich, eine Riesenrutsche, Wildwasserkanal, Sportbecken und vor allem weiträumige Südhang-Liegewiesen mit herrlichem Blick über den Schwarzwald.

Für beide Bereiche gibt es den Einzeleintritt oder die Kombikarte. Unter dem Stichwort „Kids-Geburtstag" kann man für sein Kind und dessen Gäste einen unvergesslichen Tag im Kinderland und Freibadpark buchen.

Jede Menge Platz zum Toben!

Wie kommt man nach Waldbronn?

ÖPNV/Bahn: ab Hauptbahnhof Karlsruhe Stadtbahn bis Bahnhof Busenbach, dann per Bus

Pkw: A 5, Ausfahrt Karlsruhe-Süd oder A 8, Ausfahrt Karlsbad (Nr. 42) bis Waldbronn, dann ausgeschildert

Waikila Freibadpark und Kinderland
Stuttgarter Straße, 76337 Waldbronn

Geöffnet: Freibad (saisonale Öffnungszeiten):

Kinderland (saisonale Öffnungszeiten):
montags bis freitags   14.00 – 19.00 Uhr
ganzjährig:
samstags, sonn- und feiertags
sowie in den Schulferien   10.00 – 19.00 Uhr
(Für angemeldete Gruppen ist das Kinderland auch vormittags geöffnet!)

Kindergeburtstag: diverse Varianten mit Selbstverpflegung oder Arrangement

Infos: Service-Center: Telefon 07243 5657-0
Reservierungen: Telefon 07243 5657-79
www.waikila-waldbronn.de

Hinweis: ABS-Socken mitbringen oder im Shop kaufen! (Wintermonate s. Kap. 40)

Der Quellerlebnispfad in Bad Herrenalb

Warum gerade Quelli? Und wer bitte ist Quelli überhaupt? Eine Libelle. Keine richtige natürlich, sondern eine gezeichnete und zugleich das Wegzeichen auf dem Quellerlebnispfad in Bad Herrenalb.

Was man mitnehmen sollte, ist die Broschüre zum Pfad (sofern man nicht geführt geht, dient sie als sinnvolle Ergänzung zu den Tafeln) und eine Becherlupe. 18 Stationen bieten viel Interessantes und Wissenswertes, aber auch jede Menge Gelegenheit zum Spielen und Plantschen. Bei *Station 7* gibt es zum Beispiel eine Spielquelle, direkt neben einer Hütte mit Bänken, ideal für ein Picknick. Allerdings muss alles mitgebracht werden. An der *„Harfentanne"* (*Station 9*) locken die umgebenden Felsen zum Klettern. Zeit dafür gibt es, denn bis zur Plotzsägemühle ist es nicht mehr weit. Zuerst aber passiert man noch die *„Klause"*. Diese Klause hat nichts mit Einsiedelei zu tun, sondern meint den Bereich, in dem hinter einem Wehr Wasser gestaut wurde, damit man Bretter oder Flöße mit einem starken Schwall Wasser zu Tal schicken konnte.

Man braucht nur den Namen der Plotzsägemühle langsam und bewusst nachzusprechen, um zu wissen, worum es geht. Die alte, sehr gut erhaltene Mühle ist eine Klopfsäge, in der Bretter geschnitten wurden, die man dann die Alb talwärts flößte. Die bereits 1297

Wasser marsch!

erwähnte Mühle gehörte 300 Jahre lang zur „Murgschifferschaft". Theoretisch könnte sie noch heute arbeiten, ist aber natürlich nicht mehr rentabel. Direkt an der Mühle gibt es eine Gartenwirtschaft, zu ihr gehört auch ein kleines, privates Heimatmuseum.

Die Wanderung ist hier beendet. Aber allen, die im Bus zurück nach Bad Herrenalb wollen, zeigt Quelli noch den Weg nach Zieflensberg zur Bushaltestelle. Zurück in Bad Herrenalb darf man nicht versäumen, die Ruine des Zisterzienser-Klosters zu besichtigen. Berthold und Uta von Eberstein stifteten 1149 das Zisterzienser-Mönchskloster „Alba Dominorum" aus Dankbarkeit über die glückliche Heimkehr des Grafen vom zweiten Kreuzzug durchs Heilige Land. Dieses Kloster war neben Maulbronn die reichste Abtei im Lande, wurde aber 1642 schwer von schwedischen und 1796 vollends von französischen Truppen zerstört. Auch die Herrenalber selbst schädigten die Anlage, als sie im 19. Jahrhundert Steine zum Bau ihrer Häuser entnahmen. Dennoch sind die Reste des Klosters sehenswert, vor allem die ehemalige Klosterkirche mit ihrer „Wunderkiefer": Als inzwischen riesiger Baum wurzelt die Kiefer auf schmalstem Raum direkt über dem Eingangsportal. Selbst dem Orkan „Lothar", der in den Wäldern teilweise so großen Schaden anrichtete, konnte sie trotzen.

Wie kommt man nach Bad Herrenalb?	
ÖPNV/Bahn:	gute Bahnverbindung über Karlsruhe mit der Albtalbahn; im Kurgarten Ausschilderung zum Quellerlebnispfad
Pkw:	A 5, A 8 bis Ausfahrt Pforzheim-West (Nr. 43), auf der B 294 Richtung Freudenstadt, ca. 5 km hinter Neuenbürg rechts nach Bad Herrenalb oder A 5 bis Ausfahrt Karlsruhe-Ettlingen (Nr. 48), über Marxzell nach Bad Herrenalb
	Für die, die im Pkw anreisen, ist es etwas schwieriger, den Einstieg zu finden: In Bad Herrenalb an Rathaus und Kloster vorbei, fährt man quasi parallel zur Fußgängerzone. So trifft man auf die Straße „Auf der Schanz" und folgt nun dem Schild „Plotzsägemühle/Waldparkplatz". Vom Waldparkplatz muss man zu Fuß ca. 50 m zurück, um auf den (beschilderten) „Albtalweg" zu stoßen. Der Quellerlebnispfad ist nur die thematische Erweiterung dieses Wanderwegs.

Weglänge:	Quellerlebnispfad (einfach) ca. 3 km
Infos:	Tourismusbüro Bad Herrenalb
	Rathausplatz 11, 76332 Bad Herrenalb
	Telefon 07083 500555
	www.badherrenalb.de

Heimatmuseum/Einkehr:

Gaststätte „Plotzsägemühle", Gartenwirtschaft mit Kinderspielplatz, freitags Ruhetag, Telefon 07083 526728

Tipps:

Wer Dampfzug-Fan ist, sollte sich das Bad Herrenalber „Bahnhofsfest" rechtzeitig vormerken. Näheres dazu und zu Dampfzugfahrten generell, s. Kap. 38.

Kartentipp:

1 : 50 000	LV BW, Freizeitkarte 502, „Pforzheim"

Das idyllische Städtchen Gernsbach (zu Kap. 5)

5 Sagen über Sagen

Zwischen Gernsbach und Baden-Baden

Betrachtet man eine Wanderkarte des Gebiets, so entdeckt man schon auf den ersten Blick zahlreiche Flur- und Ortsnamen, die klingen, als müssten sie mit einer Sage verknüpft sein. Von **Gernsbach** aus wurden sie nun zu einem ausgeschilderten *„Sagenweg"* verbunden, mit einem Teufelchen als Logo, über insgesamt 16 Kilometer mit 8 Stationen. Der „kleine" Sagenweg beinhaltet fünf der acht Stationen und ist besonders für Familien mit Kindern geeignet. Von der Klingelkapelle führt er hinauf zu Schloss Eberstein und über die Erzgrube auf dem *„Bergmännlespfad"* wieder nach Gernsbach hinunter. Wer eine Taschenlampe mit hat, kann den Eingang zur Erzgrube erkunden, die zwar als finsterer „Felsenschlund" beginnt, aber nicht allzu weit in den Berg hineinführt. Zurück in Gernsbach darf man nicht versäumen, durch die malerische Altstadt mit den Sonnenuhren und Brunnen sowie den Resten der alten Stadtbefestigung zu bummeln. Erhalten und begehbar ist auch noch der Wach- und Wehrturm, der „Storchenturm".

Baden-Baden ist ein internationaler, viel besuchter Kurort und eigentlich so bekannt, dass man nicht viele Worte darüber verlieren muss. Aber immer einen Besuch wert. Hat man gerade noch den Sagenweg in Gernsbach begangen, dann sollte man in Baden-Baden zuerst die Trinkhalle besuchen, vor allem die 90 Meter lange Vorhalle mit ihren 16 korinthischen Säulen, an denen badische Sagen, wie die von der „Geisterhochzeit zu Lauf" oder dem „Grafensprung bei Neu-Eberstein", erzählt werden. Fast südlichen Charme erlebt man dann beim Bummel durch die schmalen Gassen der Altstadt. Gleich nebenan liegt das Bäderviertel, mit Friedrichsbad und Caracalla-Therme. Nicht nur für Kinder interessant ist, dass man am Weg Thermalwasser aus den Quellen des Florentinerberges zapfen kann. Zum Schluss geht es auf verwinkelten Stufen noch hinauf zum Neuen Schloss, der ehemaligen Residenz des Markgrafen von Baden, ehe man sich auf den Weg zurück in die Stadt macht.

ℹ	**Wie kommt man zum Sagenweg nach Gernsbach?**
ÖPNV/Bahn:	von Karlsruhe mit der S-Bahn bis Haltestelle „Gernsbach-Mitte"; über die Stadtbrücke Richtung Altstadt und ans andere Ufer; dort geht es an der Murg entlang hinaus (Richtung Forbach) bis zur „Klingelkapelle", wo der „Sagenweg" beginnt; ab Bahnhof Gernsbach besteht Busanschluss nach Baden-Baden

Pkw:	A 5, Ausfahrt Rastatt (Nr. 49), dann die B 462 Richtung Freudenstadt. Ausgangspunkt „Sagenweg": Südlich von Gernsbach, vom Rathaus aus in Richtung Forbach Obertsrot an der Klingelkapelle – Achtung: Man muss in Gernsbach gleich im Ort (von der Straße aus gesehen) ans andere Ufer (s. o.)!
Weglänge:	Rundweg komplett: 16 km kleiner Sagenweg: 4,5 km
Infos:	Stadtverwaltung Gernsbach Igelbachstraße 11, 76593 Gernsbach Telefon 07224 644-44 (Broschüre „Gernsbacher Sagenweg") www.gernsbach.de

Wie kommt man nach Baden-Baden?

ÖPNV/Bahn:	Baden-Baden ist ICE-Bahnhof
Pkw:	A 5, Ausfahrt Baden-Baden (Nr. 51)
Infos:	Baden-Baden Tourist-Information Solmstraße 1, 76530 Baden-Baden Telefon 07221 275200 oder 275201 www.baden-baden.de

Tipp:

Wem die Baden-Badener Thermen als Familienziel unpassend erscheinen, dem sei das **Strandbad Sandweier** am Kühlsee in Sandweier, ca. 10 Kilometer außerhalb Baden-Badens Richtung Iffezheim empfohlen, bewirtschaftetes Strandbad. Weitere Badeseen in Kapitel 39.

Kartentipp:

1 : 35 000	LV BW, Wanderkarte „Oberes Enztal"

6 Ab in den Urwald ...

Der „Wildnispfad Baden-Baden"

Der **„Wildnispfad"** ist der „große Bruder" des Sturmpfads „Lothar" (s. Kap. 19). Damit ist schon viel gesagt; sie haben den gleichen Ursprung: das legendär gewordene Sturmtief „Lothar" und den Grundgedanken, Wissenschaftler und Besucher daran teilhaben zu lassen, wie die Natur, sich selbst überlassen, sich zu behelfen weiß. Aber: Der „Wildnispfad" ist weitläufiger. Für Kinder, aber auch für Erwachsene ein Stück ungezähmte Wildnis und deshalb abenteuerlich und spannend. Unbedingt erforderlich sind gute rutschfeste Schuhe und vor allem eine stabile körperliche Konstitution. „Unten durch" oder „oben drüber"? Diese Frage stellt sich ständig angesichts großer den Pfad versperrender Baumstämme. Und wie beein-

Unterwegs auf dem Wildnispfad

druckend groß die sind, merkt man am besten, wenn man sie als Hindernis erlebt. Der Pfad schlängelt sich dabei ebenso „rauf und runter" im Gelände. Gelegentlich hört man die Stimmen anderer, ein Gefühl wie in einem Irrgarten. Links und rechts des Pfads gibt es viel zu entdecken: bizarr geknickte Baumgestalten und in der richtigen Jahreszeit eine unglaubliche Vielzahl bunter Pilze im Totholz. Ein Höhepunkt in jeder Hinsicht ist der „Adlerhorst", eine in den alten Buchen in zwölf Metern Höhe angebrachte Aussichtsplattform, die nur über eine lange schwankende Hängebrücke erreicht werden kann. Der Wildnispfad ist so abwechslungsreich und abenteuerlich, dass er lange als eines der schönsten und spannendsten Ausflugsziele des Schwarzwalds in Erinnerung bleibt.

Wie kommt man zum „Wildnispfad Baden-Baden"?

Achtung: Der „Wildnispfad Baden-Baden" ist trotz seines Namens ein ganzes Stück von Baden-Baden weg, an der Schwarzwaldhochstraße (B 500) von Baden-Baden aus in Richtung Mummelsee, direkt beim Hotel Plättig; er beginnt dort beim Infoportal am Parkplatz.

ÖPNV/Bahn: mit der Bahn bis Baden-Baden; zwischen Baden-Baden und Mummelsee verkehrt eine Buslinie, die Haltestelle „Plättig" befindet sich direkt unterhalb des Ausgangspunkts zum Wildnispfad

Pkw: s. o.

Weglänge: 4,5 km (Zeitbedarf bis zu 3 Std., gute Schuhe und ordentliche Konstitution erforderlich)

Infos: Info-Portal am Ausgangspunkt Plättig; Info-Broschüre oben am Einstieg oder vorab beim

Städtischen Forstamt Baden-Baden
Rheinstraße 111, 76532 Baden-Baden
Telefon 07221 931661
www.baden-baden.de

Tipp:
Wie im Text erwähnt, ist der „Lotharpfad" (s. Kap. 19) quasi der kleine Bruder. Es macht daher Sinn, zuerst ihn zu entdecken, um danach die Wanderung auf dem Wildnispfad als Steigerung zu erleben.

Hinweis:

Mit einem Erlebnispfad entlang der Schwarzwaldhochstraße will der Naturschutzbund (Nabu) mit Unterstützung der Stadt Baden-Baden und dem Naturpark Schwarzwald Mitte/Nord für die Wiederansiedlung des Luchses werben. Der **Luchspfad** wird im Jahr 2008/2009 gebaut und im Frühjahr 2009 eröffnet.

Infos:	www.nabu.de
	www.naturparkschwarzwald.de
	www.baden-baden.de

Kartentipp:

1 : 50 000	LV BW, Freizeitkarte 501, „Baden-Baden"

Ein Ziel für heiße Sommertage (zu Kap. 7)

Zum Geroldsauer Wasserfall

Mindestens so schön wie die durch das Monbachtal und doch eher noch ein Geheimtipp, ist die Wanderung zum Geroldsauer Wasserfall.

Der **Geroldsauer Wasserfall**, der vom Grobbachtal oberhalb von Geroldsau gebildet wird, ist eher zahm als spektakulär: Gerade mal

Ziel und Wendepunkt: die Waldgaststätte „Bütthof"

neun Meter hoch ist die Stufe, die er überwinden muss. Dafür bietet der Weg durch das Tal viele Möglichkeiten, besonders mit kleineren Kindern Wasser unmittelbar zu erleben. Flache Ufer mit kleineren Sandbänken oder glatten Felsplatten laden dazu ein, ihn barfuß zu erkunden. Vor allem an heißen Sommertagen bietet sich das an, ideal auch weil der Weg selbst mit nur geringer Steigung im schattigen Wald verläuft. Etwas ganz Besonderes bietet die Wanderung für Erwachsene im Frühjahr: die baumhohen riesigen Rhododendron-Büsche, die den Wald ungewöhnlich romantisch machen. Vor allem im April und Mai, wenn der Rhododendron leuchtend rot oder lila blüht und mit dem frischen Grün der Ahorn- und Buchenbäume kontrastiert.

Wendepunkt der vom Wanderparkplatz aus beschilderten Wanderung ist die Waldgaststätte „Bütthof", die malerisch am Waldrand, zwischen Bach und Wiese liegt. Sie kann auch angefahren werden. Das hat den Vorteil, dass man mit kleineren Kindern wirklich den Weg zum Ziel machen und, falls sie keine Lust mehr auf den Rückweg haben, ein Elternteil bequem den Wagen holen kann.

Wer mag, kann dann noch einen Bummel durch Baden-Baden unternehmen (s. auch Kap. 5 „Sagen über Sagen").

Wie kommt man hin?

ÖPNV/Bahn:	Bahn bis Baden-Baden, KKV/Südwestbus bis Haltstelle 245 „Bahnhof Malschbacher Straße" am Ortsende von Geroldsau
Pkw:	A 5 bis Ausfahrt Baden-Baden (Nr. 51), Richtung B 500 (Schwarzwaldhochstraße); aus Geroldsau hinaus bis zum Wanderparkplatz
Weglänge:	(ab Wanderparkplatz) 3 km
Infos:	Baden-Baden Tourist-Information, (s. Kap. 5)
Einkehr:	Waldgaststätte „Bütthof" (montags Ruhetag)
Kartentipp: 1 : 50 000	LV BW, Freizeitkarte 501, „Baden-Baden"

Rund um Gausbach

Gausbach liegt in unmittelbarer Nähe zu Forbach (s. Kap. 9) und teilt mit diesem die Heuhüttentäler-Landschaft (s. dort). Auch hier in Gausbach kann man einen schönen Ausflugstag verbringen, denn es gibt gleich zwei hübsche Themenwege, die sich auch gut in einer einzigen Wanderung kombinieren lassen: „Brunnenweg" und „Sagen-weg".

Ausgangspunkt ist die Stadtbahnhaltestelle Gausbach. **Gausbach** ist ein Dorf der Brunnen. In und außerhalb des Ortes findet man zahlreiche Sandsteinbrunnen, die früher als Viehtränke und zum Wasserholen dienten. Jeder ist anders gestaltet. Da gibt es ein lustiges Schweinchen, das einen aus dem Trog heraus anzulachen scheint, einen wachsamen, seinen Durst stillenden Wolf oder auch eine entspannt schlafende Hexe, die einen Fuß ins Wasser hängen lässt. Auf dem „Brunnenweg" wandert man durch den Ort und weiter über

Am Hexenbrunnen beginnt der Sagenweg

einen Feldweg am Waldrand entlang. Beim *„Hexenbrunnen"* beginnt der *„Sagenweg"*, der im weiten Bogen an den Ausgangspunkt zurückführt. Zu beiden Wegen gibt es Faltblätter mit ausführlichen Wegbeschreibungen. Als Tipp für Familien, aber auch für Schulklassen sei noch angemerkt, dass dieser Ausflug sich gut mit einer Bahnfahrt durchs romantische Murgtal und anschließendem Ausklang mit Spiel und Spaß auf dem Waldsportplatz in Gausbach kombinieren lässt.

Wie kommt man nach Gausbach?

ÖPNV/Bahn:	ab Karlsruhe mit der Murgtalbahn (S-Bahn) bis Gausbach
Pkw:	A 5, Ausfahrt Rastatt (Nr. 49), dann weiter wie nach Gernsbach oder von Freudenstadt auf der B 462 nach Norden über Forbach bis Forbach-Gausbach
Weglänge:	Brunnenweg: Rundwanderung: 3 km Sagenweg: verschiedene Varianten, die oben beschriebene Kombination hat ca. 4 km
Infos:	alle Wege gehören zur Ferienregion Forbach, Auskünfte deshalb über Tourist-Info, Landstraße 27, 76595 Forbach Telefon 07228 390 www.forbach.de

Tipp:
Nur gut 10 Minuten vom Stadtbahnhaltepunkt Gausbach entfernt liegt das Badezentrum Montana. Das Besondere an diesem Freibad ist die Wasserqualität. Das Wasser kommt direkt aus der nahe gelegenen Winterhardtquelle und wird mittels Solarenergie beheizt (an der B 462 nördlich Gausbach).

Geöffnet:	montags bis freitags	10.00 – 20.00 Uhr
	samstags,	
	sonn- und feiertags	9.30 – 20.00 Uhr
Infos:	Telefon 07228 2402 und Tourist-Info (s. o.)	

Kartentipp:

1 : 50 000	LV BW, Freizeitkarte 502, „Pforzheim"

Erlebniswege in Forbach-Bermersbach

Was ist Glück? Glück kann so vieles sein. Vielleicht ist Glück auch, dass der Ausflug in eine ganz besondere Landschaft führt, die so nur hier noch erhalten ist? Gemeint sind die „Heuhüttentäler" rund um Forbach.

Im Murgtal-Wassergarten

Forbach ist zunächst einmal durch seine Holzbrücke bekannt. Sie gilt als größte freitragende, überdachte Holzbrücke Europas. Ihr Wiederaufbau erfolgte 1955 nach den Originalplänen von 1778.

In Forbach ist für einheimische Familien wie für Gäste und Ausflügler mit kleineren Kindern der neue, frei zugängliche **Murgtal-Wassergarten** recht reizvoll. Ein Stelenweg führt vom nahen Bahnhof aus hin und informiert dabei über die Ferienregion Forbach. An warmen Tagen lässt es sich im Wassergarten herrlich spielen und plantschen. Allerdings wäre es schade, darüber das Wandern zu vergessen und die so liebevoll, mit viel Herz für Kinder gestalteten Themenwege „Glücksweg" und „Ziegenpfad" im Ortsteil Bermersbach nicht zu erleben.

Beide Wege liegen in einer speziellen Landschaft, die der „**Heu-hüttentäler**". Diese entstanden, weil die Bewohner des Murgtals vor ungefähr 250 Jahren mehr Raum für ihre Landwirtschaft benötigten. Entlang der Bachläufe, bis hinein in die Seitentäler der Murg rodeten sie den Wald und legten stattdessen Wiesengrundstücke an. Die so entstandenen Wiesen wurden wegen ihrer Steilheit ausschließlich als Heuwiesen genutzt. Einwanderer aus Tirol brachten die Idee der hölzernen Heuhütten mit, die letztlich charakteristisch für die Gegend wurden. In ihnen wurde das Heu gelagert und im Winter für das im Stall gehaltene Vieh per Schlitten ins Tal gebracht oder auf dem Rücken nach Hause getragen. Die Gemeinde Forbach bemüht sich seit Jahren sehr, in allen Ortsteilen die schönsten Täler offen zu halten. In Bermersbach sind sie heute der Rahmen für die beiden neuen Themenwege.

Der „*Glücksweg*" ist ein ganz besonders liebevoll gestalteter Erlebnisweg für kleinere Kinder. Aber auch Erwachsene, die sich ihr Kinderherz bewahren konnten, haben ihre Freude an ihm. Was ist Glück? Amanda, der kleine Feuersalamander, begleitet seine Besucher auf dem ganzen Weg und überlegt mit ihnen, was Glück ist, wo man es findet. Immer wieder gibt es etwas zu suchen und Neues zu entdecken. Wer der Geschichte folgt, trifft überall die zwei- und vierbeinigen Freunde von Amanda. Und alles, was man sieht, hat irgendwie mit Glück zu tun.

Amanda und ihr Freund machen glücklich

Der Hinweg ist gut mit Kinderwagen befahrbar, der Rückweg, vorbei am Wildgehege, etwas holprig, aber trotzdem noch kinderwagen-geeignet. Letzte Station vor der Rückkehr in den Ort ist die **Ebet-Mühle**, ein voll funktionsfähiger historischer Nachbau einer Mahlmühle.

Glück, das kann auch die Begegnung mit Tieren sein, nicht nur für kleine Wanderer. Und deshalb sollte man unbedingt noch einmal wieder kommen, um auch den zweiten Erlebnisweg im Gebiet (Forbach-)Bermersbach zu entdecken, den *„Ziegenpfad"*. Er führt über Wiesen zu großen Teilen mitten durch die Ziegenweiden. Ziegen sind ganz schön neugierig und mindestens ebenso an ihren Besuchern interessiert wie die an ihnen. Nur wer den ganzen Weg läuft, trifft ganz sicher auf die Herde. Man sollte sie aber bitte nicht füttern und die Gatter jeweils sorgsam wieder verschließen. Leider ist der Weg nicht kinderwagengeeignet. Ausgangspunkt ist entweder, wie zuvor, die Ortsmitte Bermersbachs oder aber der Bahnhof Forbach.

Am Endes eines der Ausflüge kann man im Murgtal-Museum in Bermersbach noch erfahren, wie die Murgtäler früher gelebt, gewohnt und gearbeitet haben.

Wie kommt man nach Forbach?

ÖPNV/Bahn: ab Karlsruhe mit der Murgtalbahn bis Forbach; wer nach Bermersbach mit öffentlichen Verkehrsmitteln will, nimmt ab Bahnhof Forbach den Bus

Pkw: A 5, Ausfahrt Rastatt (Nr. 49), dann weiter wie nach Gernsbach oder von Freudenstadt auf der B 462 nach Norden bis Forbach

Weglänge: Glücksweg: ca. 4 km; Ziegenpfad: ca. 5 km

Infos: Tourist-Info, Landstraße 27, 76595 Forbach
Telefon 07228 390
www.forbach.de

Ebet-Mühle

Geöffnet: das Wasserrad läuft von April bis Oktober
April bis September gibt es an verschiedenen Terminen eine Vorführung

Infos: Tourist-Info (s. o.) und
Heimatverein, Gotthard Wunsch (s. u.)

Murgtal-Museum
Kirchstraße 15 (ehem. Schule), 76596 Forbach-Bermersbach

Geöffnet: Mai bis September
sonn- und feiertags 14.30 – 17.00 Uhr
sowie nach Vereinbarung

Infos: Heimatverein, Gotthard Wunsch
Telefon 07228 2428

Tipp:
Die in den Kapiteln 5, 8 und 9 beschriebenen Touren liegen zumindest für im Pkw angereiste Familien so nah beieinander, dass einzelne Bestandteile ausgetauscht bzw. neu kombiniert werden können.

Kartentipp:
1 : 50 000 LV BW, Freizeitkarte 502, „Pforzheim"

Bitte nur streicheln, nicht füttern!

Wandern mit Spaß durch die Gemarkung Bühlertal

Kindern macht der Weg durch die Gertelbachfälle einfach so viel Spaß, dass man diesen Ausflug zu einer der schönsten Schluchten des Nordschwarzwalds keineswegs versäumen darf. Doch auch die nähere Umgebung lohnt, erkundet zu werden. Das Bühlertal als Region ist vielen Familien wahrscheinlich von den frühen „Bühler Zwetschgen"

Auf einem der schmalen Brückchen über den Gertelbach

her geläufig, den Erwachsenen zudem durch die Schnäpse und die guten Weine. Um einen der bekanntesten Weine, den „Affentaler", rankt sich übrigens eine nette Sage: Wein wurde schon im zwölften Jahrhundert durch das Zisterzienserkloster Lichtental angebaut, und zwar in einem Tal, wo die Glocke einer kleinen Kapelle zum täglichen „Ave Maria" rief. So kam es, dass die Leute es das „Ave-Tal" nannten. Später wurde daraus erst „Afenthal" und schließlich „Affental".

Ob mit öffentlichem Verkehrsmittel oder dem Familienauto, die Wanderung hat den Wanderparkplatz am Ortsende von **Bühlertal** zum Ausgangs- und Endpunkt. Dem Schild „Wasserfälle" folgend, geht man zunächst die noch asphaltierte „Gertelbachstraße" bergan. Nur ein kurzes Stück relativ steil, verläuft sie bald eben und oberhalb des Wiedenbachs mit einer blauen Raute als Markierung. Erst am bald erreichten „Haus Gertelbach" beginnt der eigentliche Weg in die Fälle. Der Weg führt mal links, mal rechts am Wasser entlang, verbunden durch zahlreiche Stege und Brücken. Kaum ein Kind wird die Gelegenheit verstreichen lassen, auf den Felsen herumzuklettern, das Wasser zu stauen oder Schiffchen und Rindenstücke auf die Reise zu schicken. Zwischen großen Granitblöcken sucht sich das Wasser mit unzähligen kleinen Wasserfällen und Kaskaden seinen Weg ins Tal. So „arbeitet" man sich nach oben vor, bis man am Ende fast unvermittelt vor der 1972/73 erbauten „Gertelbach-Hütte" des Schwarzwaldvereins steht. Von hier hat man einen wunderschönen Blick auf die **Gertelbach-Wasserfälle**, die über mehrere Stufen in Kaskaden nahezu 70 Meter hinab stürzen. Wer mag, kann es auch bereits hier gut sein lassen und auf dem kurzen Rundweg (mit gelbem Punkt als Markierung) den Rückweg antreten. Doch, wie gesagt, es lohnt sich, noch weiter zu gehen, den langen Rundweg einzuplanen, der den Ausflug leicht zu einer tagesfüllenden Sache macht. Er ist mit einem weißen Punkt bezeichnet und führt zunächst weiter hinauf, ganz bis ans obere Ende der Fälle. Das nächste Ziel, vom oberen Ende nur wenige Meter entfernt, sind die **Wiedenfelsen**, eine beeindruckende Felsformation. Sie haben die für den Granit so charakteristischen abgerundeten Ecken, wegen derer die Geologen ganz plastisch sagen, der Granit verwittere zu „Wollsäcken". Bei klarem Wetter hat man von hier aus übrigens auch eine weite Sicht über das gesamte Bühlertal und in die Rheinebene, vielleicht sogar bis ins benachbarte Elsass. Neues Etappenziel ist nun die **„Hertha-Hütte"**. Das ist eine unbewirtschaftete, malerisch oben auf dem Falkenfelsen erbaute Schutzhütte, die sich gut zum Picknicken eignet und den Blick zurück zur Gertelbachschlucht ermöglicht. Allzu lange wird man sich trotzdem nicht aufhalten, ein letztes Ziel gilt es nämlich noch anzusteuern: die **Kohlbergwiese.** Dazu geht man zunächst einmal zurück zur Fahrstraße; erst dann links bergab. Etwas später, nach einer Rechtskurve, gibt es von diesem Fahrsträßchen eine Abkürzung links den Wald hinunter, die direkt auf den Hof des Gasthofs „Kohlbergwiese" (montags Ruhetag) führt. Sie ist ein kleines Paradies mitten im Wald, wo sich Kinder an einem der zahlreichen zum Gasthaus gehörenden Spielgeräte und auf der Wiese so richtig austoben können. Ein bisschen Kondition aber muss übrig bleiben, die braucht man für das letzte Wegstück, das zwar nur noch bergab führt, aber doch auch nicht so ganz kurz ist: Durch den Hof des Gasthofs, vorbei am Hundezwinger, findet man rasch zum letzten Pfad des heutigen Ausflugs. Er führt hinunter zum Wanderparkplatz, wo sich die Runde schließt.

Oben angekommen: Pause willkommen!

Wie kommt man nach Bühlertal?

ÖPNV/Bahn: bis Bahnhof Bühl und von dort mit dem Bus bis Haltestelle „Gertelbachstraße", wo sich auch der Wanderparkplatz befindet; eine weitere Haltestelle derselben Linie gibt es am Wiedenfelsen, so dass die Wanderung auch verkürzt werden kann; Fahrpläne der Buslinie sind in der Tourist-Information kostenlos erhältlich

Pkw: A 5, Ausfahrt Bühl (Nr. 52), Richtung Bühlertal/Schwarzwaldhochstraße; am Ortsende (von Bühlertal) Richtung Sand rechts ab auf den Wanderparkplatz. Man erreicht den Ausgangspunkt dieser Wanderung auch auf der Verbindungsstraße, die die B 462 bei Raummünzach mit der B 500 beim Hotel „Sand" verbindet; von dort aus geht es in Richtung Bühlertal, wo man gleich am Ortseingang in einer scharfen Kehre nach links auf den Wanderparkplatz gelangt.

Weglänge: kurzer Rundweg (gelber Punkt): 4,5 km
langer Rundweg (weißer Punkt): 9 km

Infos: Tourist-Information Bühlertal
Hauptstraße 92, 77830 Bühlertal
Telefon 07223 9967-0
www.buehlertal.de

Tipp: Wem der Sinn nach noch mehr Wasser steht, sei das Bühlot-Bad (Freibad) an der Hauptstraße in Bühlertal empfohlen, angeschlossen ist auch ein Minigolfplatz, Telefon 07223 991140.

Kartentipp:
1 : 50 000   LV BW, Freizeitkarte 501 „Baden-Baden"

Auf dem Walderlebnispfad in Bühl

Ein abwechslungsreicher Naturerlebnispfad, eine Burg, ein Abenteuerspielplatz? Und alles ganz nah beieinander? Das sind gleich drei gute Gründe auf einmal für einen Ausflug nach Bühl, zur Burg Windeck hinauf.

Der **„Walderlebnispfad Burg Windeck"** umfasst viele Stationen, an denen die Familie selbst aktiv werden kann: So sind zum Beispiel entlang einem Sandbett Tafeln von verschiedenen Tieren angebracht, mit Angaben darüber, wie weit sie springen können. Wer in der Familie springt wie weit, wie welches Tier? Auch ein verkürzter „BarfußPark" (s. Kap. 25 „Zeigt her eure Füße ...") mit verschiedenen Bodenbelägen findet sich. Und dann ist da noch ein Jägersteig, wo überall aus Sperrholz ausgesägte Tierschattenrisse versteckt sind – wer hat am Ende die meisten Tiere entdeckt? Schön auch die Anregungen für Spiele im Wald, die zugleich das Beobachten schulen. Etwa wenn es gilt, etwas zu finden, was der Wind forträgt; etwas, das gut riecht; etwas Rundes; etwas, das rau ist, oder auch, was ein Eichhörnchen fressen kann ... Der Pfad beginnt und endet am Parkplatz von Burg Windeck. Er ist gut ausgeschildert, aber nicht kinderwagengeeignet.

Burg Windeck, manchmal auch Burgruine Alt-Windeck genannt, wurde um 1200 erbaut. Weil hoch oben auf dem Berg viel Wind wehte, nannten die Burgherren sie „Wind-Eck". Von der Burg ging der Name auf die Burgherren über, die sich die „Herren von Windeck" nannten. Die letzten verließen die Burg Ende des 16. Jahrhunderts und wohnten im Schlosshof (heute das Hotel „Badischer Hof") in Bühl. Die Burg jedoch bleibt bis heute auch als Ruine immer noch recht imposant und der Blick vom Turm scheint endlos weit ... Wer mag, kann einkehren: gehoben und aussichtsreich im Panorama-Restaurant oder rustikal, für ein Vesper oder einen Flammkuchen, im „Pferdestall". Unterhalb der Burg gibt es ein Wildgehege sowie einen großzügig und spannend angelegten Abenteuerspielplatz.

Wie kommt man zum Walderlebnispfad Burg Windeck?

ÖPNV/Bahn:	bis Bühl, Bus, Haltestelle direkt an der Burg
Pkw:	A 5 bis Ausfahrt Bühl (Nr. 52); am Ortsausgang von Bühl die Kreisstraße Richtung Otterswerr; die Zufahrt zur Burg ist ausgeschildert; der Einstieg zum Erlebnisweg ist am Parkplatz der Burg Windeck zu finden
Weglänge:	ca. 3 km

Burg Windeck und Turm

Geöffnet:	März bis Oktober, frei zugänglich
Infos:	Tourist-Information Bühl Hauptstraße 92, 77815 Bühl/Baden Telefon 07223 935332 www.buehl.de
Einkehr:	Panorama-Restaurant Hotel Burg Windeck Telefon 07223 949290 Restaurant „Pferdestall" Telefon 07223 9492-0

Kartentipp:
1 : 30 000   LV BW, Wanderkarte „Hornisgrinde"

Der Spielplatz unterhalb der Burg

12 Waldabenteuer

Walderlebnisstation Ottersweier und Umgebung

Die Walderlebnisstation Ottersweier verkörpert ihr Motto bestens: durch Erleben lernen. Dafür bietet sie ganz viele spannende Möglichkeiten. Sie ist an der Schwarzwaldhochstraße eingerichtet worden, gut erreichbar und gut kombinierbar mit anderen Ausflügen. Allein der Name ist vielleicht etwas irritierend. Die Stadt Ottersweier liegt nämlich etliches entfernt, unten im Tal.

Die **Walderlebnisstation** wurde geschaffen, um angemeldeten Gruppen von Kindern und Jugendlichen den Wald, die Natur an sich, näherzubringen. In der Station stehen Becherlupe und Mikroskop bereit, um im Wald Gesammeltes näher zu untersuchen. Blätter, Rinde, Zapfen oder Moos regen zugleich zum fantasievollen Basteln und Spielen an.

Ob sie schon „Waldmeisterin" geworden ist?

Der weitläufige Außenbereich mit einem Rätsel-, Pirsch- und Barfußpfad ist für alle zu jeder Zeit frei und kostenlos zugänglich. Zu Beginn des Rätselpfads gibt es einen Fragebogen, am Ende den „Lösungsautomat". Wer an den 16 Stationen mindestens 12 Fragen richtig beantwortet hat, ist geprüfter „Waldmeister". Der Barfußpfad liegt am Ende des Rätselpfads. Schmutzige Füße werden im klaren Wasser am Brunnentrog vor der Walderlebnisstation schnell wieder sauber. Am Pirschpfad haben sich elf, aus Holz ausgesägte Tiere versteckt. Die laufen zwar nicht weg, aber man muss recht aufmerksam sein, um am Ende keines übersehen zu haben. Für alle Wege reicht normales Schuhwerk.

Nicht weit von der Walderlebnisstation am Hundseck ist es zum **Mehliskopf.** Jetzt schon vorhanden sind eine **Ganzjahres-Bobbahn,** ein **Abenteuer- und Klettergarten.** In den Schulferien und am Wochenende ist Bogenschießen möglich und man kann Mountainbikes ausleihen. Das Freizeitangebot am Mehliskopf soll aber in den kommenden Jahren bedeutend erweitert und ausgebaut werden: Der Kletterparcours soll vergrößert werden, ein Abenteuerspielplatz entstehen. Bereits geplant sind weiterhin eine Ganzjahres-Rodelpiste und Sommertubing, aber auch eine Sommer-Downhill-Bahn in Verbindung mit den Skiliften.

Wie kommt man zur Walderlebnisstation Ottersweier?

ÖPNV/Bahn: bis Bühl, weiter per Bus

Pkw: A 5 bis Ausfahrt Bühl (Nr. 52), B 3 bis Parkplatz „Hundseck"; zu Fuß rechts am leer stehenden alten Hotel vorbei, dem durch den Skihang führenden, mit einem *Auerhahn* beschilderten Weg folgen

Weglänge: Rätsel-/Barfußpfad: 2 km (Dauer ca. 1,5 Std.) Pirschpfad: 0,5 km (Dauer ca. 30 Minuten)

Geöffnet: nach Anmeldung und Vereinbarung für Gruppen

Hinweis: Gebührenordnung bitte für auswärtige Benutzer erfragen!

Anmeldung bei der Gemeinde Ottersweier Telefon 07223 986050 oder 986057 oder beim Revierförster Klaus Vollmer Telefon 0175 1862313

Infos:	Gemeinde Ottersweier
	Laufer Straße 18, 77833 Ottersweier
	Telefon 07223 9860-0
	www.ottersweier.de

Wie kommt man an den Mehliskopf?

ÖPNV/Bahn:	der Mehliskopf ist ab den Bahnhöfen Baden-Baden, Forbach und Bühl mit gleich drei Buslinien erreichbar
Pkw:	A 5 bis Ausfahrt Bühl (Nr. 52), B 500 (Schwarzwaldhochstraße), auf der Schwarzwaldhochstraße ausgeschildert
Infos:	Freizeit- und Sport-Zentrum Mehliskopf
	Info-Telefon 07226 1300
	www.mehliskopf.de
	(dort auch aktuelle Wetterinfos)

Tipp:
Der Mehliskopf mit seinen Skiliften ist natürlich auch im Winter einen Ausflug wert!

Kartentipp:
1 : 30 000   LV BW, Wanderkarte „Hornisgrinde"

Durch die Gaishölle in Sasbachwalden

Wege, die am Wasser entlangführen, kommen bei Kindern immer gut an. Vor allem an „wilden" Wassern, wie dem Weg durch die „Gaishölle". Auch der Rückweg, vorbei an einer Mühle und mit einem Abstecher zu einem Tiergehege, macht Spaß und endet ja vielleicht sogar noch im Erlebnisbad.

Ausgangspunkt ist der Parkplatz am Kurhaus „Alde Gott". „Alde Gott", das steht hier schon auf dem Ortsschild und ist der Name für fast den gesamten Weinbaubereich. Natürlich gibt es dazu eine Sage: Am Ende des Dreißigjährigen Kriegs, als die Gegend fast ganz entvölkert war, trafen sich ein Mann und eine Frau. Als der Mann sie sah, war er so froh, dass er gerufen haben soll: „Der alde (= alte) Gott lebt noch ..."

Vom Kurhaus führt der Weg zunächst durch den Kurpark. Links vor dem Pavillon biegt man ab und geht entlang des Schwimmbadzaunes. Ab dann ist der Weg gut ausgeschildert. Er führt zurück in den Außenbereich des Orts, am „Gaishöll Wohn- und Ferienpark" vorbei in den Wald. Dort erst ist der eigentliche Einstieg zu den **Gaishöll-Wasserfällen.** Wie sie zu ihrem Namen kamen, darüber gibt es verschiedene Versionen, keine ist gesichert. Am wahrscheinlichsten scheint letztlich ein keltischer Wortstamm („cais" = ein Bach, der durch eine enge, wilde Gegend braust). Und das tut der „Brandbach" ja auf jeden Fall ...

Große runde Felsen liegen wild im Wasser, wie ins Bachbett geschleudert. Der Weg windet sich aufwärts, hin und her über Brücken, die einen sagen 12, die anderen 13. Des Rätsels Lösung? Eine ist eine Doppelbrücke und jeder kann selbst entscheiden, wie sie zählt. Am oberen Ausgang der Gaishölle, an der „*Ortsstraße*" lohnt noch ein kleiner Abstecher nach links. Hier ist das untere Ende des Tiergeheges „Bischenberg", das sich den Berg hinauf rund um das Gasthaus „Bischenberg" zieht. Man darf die Tiere füttern und die herrliche Aussicht genießen, ehe man umkehrt und der Straße ein Stück weit wieder talabwärts folgt. Schon in der nächsten leichten Linkskurve kann man sie verlassen und durch die Häuser hindurch auf einem Wiesenweg unterhalb der Straße weitergehen. Der Weg führt nun vorbei am Ferienhof „Wild" zur Straubenhofmühle.

Die **Straubenhofmühle** war bis 1938 als Getreidemühle in Betrieb. Ihr noch immer funktionsfähiges Rad wird vom Wasser des Sasbachs angetrieben. An einigen Tagen im Sommerhalbjahr, meist während der großen Ferien in Baden-Württemberg, ist sie nachmittags in Betrieb und kann kostenlos besichtigt werden (Termine bei der Tourist-Information erfragen). Von hier aus geht es nur noch abwärts. Am Bach entlang, vorbei an Wiesen, Schafweiden und dann am Waldrand, bis man bei der Weinkellerei wieder im Wohngebiet ankommt. An der nächsten Kreuzung biegt man links ab und überquert die Brücke. Rechts nach dem ersten Haus wählt man den rechten Weg. Am Minigolfplatz und dem dahinter liegenden kleinen Spielplatz ist der Ausgangspunkt wieder erreicht.

An der Straubenhofmühle

Nun schnell die Badesachen geholt und ab ins **Erlebnisbad**! Eine ideenreiche Wasserlandschaft, die mit umweltfreundlicher Energie auf 24 Grad Celsius erhitzten Becken und die 58 Meter lange Wasserrutsche garantieren Sommerspaß. Wer abends noch einkehren will, findet ganz in der Nähe eine vielfältige Gastronomie, die von der einfachen Vesperstube bis zum Michelin-Stern alles umfasst und keine Wünsche offenlässt.

Wie kommt man nach Sasbachwalden?

ÖPNV/Bahn:	bis Bahnhof Achern, dann weiter mit dem Bus Richtung Breitenbrunnen, Sasbachwalden, Richtung Mummelsee, Seebach oder Richtung Gaishölle, Sasbachwalden
Pkw:	A 5, Ausfahrt Achern (Nr. 53), dann ausgeschildert
Infos:	Kurverwaltung/Tourist-Information Talstraße 51, 77887 Sasbachwalden Telefon 07841 1035 www.sasbachwalden.de

Erlebnisbad Sasbachwalden

Geöffnet:	während der Badesaison täglich	8.00 – 20.00 Uhr
Infos:	Telefon 07841 699041	

Tipp:
In Sasbachwalden-Hohritt ist das **Sunsetland**, ein Hochseilgarten für Jedermann (ab 12 Jahre, Minderjährige in Begleitung Erziehungsberechtigter). Die Teilnehmer werden vor Aufgaben gestellt, die sie nur gemeinschaftlich, unter aktiver Beteiligung aller, lösen können. Information und Buchung über die Kurverwaltung/Tourist-Information (s. oben).

Infos:	Telefon 07841 290800 www.sunsetland.de

Kartentipp:

1 : 30 000	LV BW, Wanderkarte „Hornisgrinde"

14 Über felsige Gipfel

Am „Karlsruher Grat" bei Ottenhöfen

Das „Wandern" über den „Karlsruher Grat" ist für abenteuerlustige Familien ein unvergessliches Erlebnis. Der Steig verläuft ungesichert den Grat entlang und erfordert Trittsicherheit, Schwindelfreiheit und gutes Schuhwerk. Allerdings gibt es zum Grat eine Umgehung, so dass sich eine Gruppe auch jeder Zeit für ganz oder auch nur von Fall zu Fall teilen kann. Bei Nässe ist der Weg nicht begehbar, da der Porphyr, aus dem der Fels besteht, dann sehr glatt und rutschig wird.

Der Felsenweg trägt seinen Namen zu Recht

Der Felsenweg „Karlsruher Grat" verbindet als Rundwanderweg die zahlreichen Felsen und Schroffen im Westen Ottenhöfens. Der Weg beginnt am östlichen Ende Ottenhöfens beim Gasthof „Stern", wo ein Schild den Weg zum Wanderparkplatz, den Wasserfällen und zum „Karlsruher Grat" weist. Gleich zu Beginn der Wanderung stehen die **Edelfrauengrab-Wasserfälle** an. Dazu gibt es eine ganz grausige Sage, dass hier eine Edelfrau wegen ihrer Hartherzigkeit erst lebendig eingemauert und später ertränkt wurde. Sie ist auf einem Schild ausführlich nachzulesen. Weiter geht es, die Stufen hinauf und ein Stück am Gottschlägbach entlang. Schließlich lässt man ihn im Tal und wandert hinauf zum **Karlsruher Grat**. Unglaublich, wie sich dabei die Landschaft verändert. Es wird zunehmend karger. Bäume müssen ihre Wurzeln nun ins Gestein krallen. Oben macht die weite Aussicht deutlich, wie hoch man ist. Der Grat ist eine markante, riffartige Klippe und verläuft in 750 bis 800 Metern Höhe. Dass Trittsicherheit erforderlich ist, zeigt die wahre, aber ebenfalls gruslige Geschichte seines Namens: Der ursprüngliche Name dieses Felsenwegs war „Eichhaldenfirst". Mit der 1898 fertig gestellten Achertalbahn kamen in den 1920er Jahren viele Wanderer und Kletterer vor allem aus dem Karlsruher Raum nach Ottenhöfen. Weil etliche abstürzten, beschloss der Gemeinderat von Ottenhöfen 1926 diesen Opfern zu Ehren und zum Gedenken den „Eichhaldenfirst" umzubenennen in „Karlsruher Grat".

Dennoch, mit vorsichtigen Kindern, bei gutem Schuhwerk und Trockenheit ist der Weg geeignet für Familien mit Kindern ab mindestens acht Jahren. Er kann auch jeder Zeit abgebrochen werden und der Parallelpfad dahinter benutzt werden, von wo man den Grat nur zu Aussichtszwecken auch punktuell erklettern kann. Am Ende der Kletterpartie gabelt sich der Weg. Die *blaue Raute* mit Ziel „Edelfrauengrab" führt im spitzen Winkel zurück und parallel zum Grat nun auf breitem Waldweg rasch und stetig bergab, bis er in einem Bogen die Abzweigung erreicht, die man zuvor vollends hinauf zum Grat passiert hat. Von da an entsprechen sich Hin- und Rückweg. Manche Kinder werden den Waldweg vom Grat abwärts bis zur Abzweigung nach der bewältigten Kletterpartie „langweilig" finden, die Wanderung ist jedoch nur in der beschriebenen Reihenfolge machbar.

Am Ende sind gut 400 Höhenmeter überwunden. Aber es lohnt sich! Insgesamt sind vier bis fünf Stunden reine Wanderzeit zu veranschlagen. Wer noch, was sich in Ottenhöfen anbietet, eine Fahrt mit dem Dampfzug nach Achern machen will, hat dazu ab Pfingsten alle vierzehn Tage Gelegenheit (Näheres s. Kap. 38 „Unter Dampf und per ÖPNV"). Hin und zurück braucht die kleine Lokomotive ca. 1,5 Stunden.

ℹ️ **Wie kommt man nach Ottenhöfen?**

ÖPNV/Bahn:	Bahnverbindung Karlsruhe – Achern, Achertalbahn nach Ottenhöfen (s. Kap. 38)
Pkw:	A 5 bis Ausfahrt Achern (Nr. 53), über Kappelrodeck nach Ottenhöfen, an der Straße Richtung Seebach, beim Gasthof „Stern" weist ein Schild zum Wanderparkplatz „Wasserfälle", dem Ausgangspunkt der Wanderung
Weglänge:	Felsenrundweg gesamt: 12 km
Infos:	Tourist-Information Großmatt 15, 77883 Ottenhöfen Telefon 07842 80444 www.ottenhoefen.de

Tipp:

Wer auf Ausflügen im Schwarzwald unterwegs ist, kommt immer wieder einmal in die Nähe: Nach Allerheiligen führt ein Abstecher von der Schwarzwaldhochstraße (B 500). Und einmal sollte man es besuchen, die wildromantischen Reste des **Klosters** und den in seiner Schlucht sehenswerten **Wasserfall Allerheiligen**. Es gibt zwei Parkplätze. Einen unterhalb des Wasserfalls, einen oben beim Kloster. Beim oberen ist eine Einkehrmöglichkeit, ein kleiner Souvenirshop. Für alle, die nicht nur direkt am Grindenbach entlang zum Wasserfall wollen: Es gehen von hier aus auch verschiedene kürzere oder längere Rundwanderwege ab.

Kartentipp:

1 : 30 000   LV BW, Wanderkarte „Hornisgrinde"

Imposant: die Ruine des Klosters Allerheiligen

15 Von Mühle zu Mühle

In Ottenhöfen

Nirgendwo sonst findet man auf so engem Raum so viele Mühlen wie in Ottenhöfen. Besonders schön ist es hier im Frühling, wenn die Kirschbäume blühen. Die Mühlen sind durch einen Rundweg (in zwei Längen) verbunden. Die Wege dazwischen sind überwiegend asphaltiert, also kinderwagengeeignet.

Ottenhöfen, Luftkurort am Fuße der Hornisgrinde, im obst- und auch rebenreichen Achertal, ist als „Mühlendorf im Schwarzwald" bekannt geworden. Er besitzt neun restaurierte Mühlen und eine Hammerschmiede, die alle auf dem 15 Kilometer langen **„Mühlenrundweg"** besucht und zwischen Mai und Oktober auch besichtigt werden können. Und für die, die viel sehen, aber nicht so weit gehen wollen, gibt es eine ungefähr fünf Kilometer lange Kurztour.

Ein lohnendes Ziel: die Mühle am Rain

Für die kurze Mühlentour stellt man das Auto am besten am Ortsrand Richtung Allerheiligen ab. Per Bahn angereiste Familien kommen durch den Kurpark ebenfalls zur „*Allerheiligenstraße*", von der, noch im Ort, nach rechts der „*Blustenweg*" abzweigt. Auf ihm beginnt der kleine Mühlenrundweg (markiert mit der *Ziffer 5* sowie einem *weißen M*) und führt oberhalb des Lauenbachs auf halber Höhe erst einmal um den Ort herum, dann am Bahnhof vorbei hinaus in das Seitental des Ortsteils Simmersbach und dort Richtung Lauenbach. Die steilen Felder am Hang vermitteln eine Vorstellung davon, wie mühselig Landwirtschaft im Schwarzwald seit jeher ist. Bei der **„Bühler Mühle"** laden die Betreiber mit Tischen und Bänken zu einer Vesperpause und am Wochenende auch zu Besichtigungen ins kleine Mühlenmuseum ein. Von Lauenbach geht es, vorbei an weiteren stattlichen Höfen und einem Damwildgehege, im Bogen Richtung Ottenhöfen zurück. Gleich an den ersten Häusern biegt der Weg jedoch noch einmal links ab. Er führt zur **„Mühle am Rain"**, die man nicht versäumen sollte. Denn diese rund 180 Jahre alte Getreidemühle ist noch voll funktionsfähig. Das rasche Wasser der Acher, das über einen Kanal zur Mühle geleitet wird, treibt das Mühlrad (das einen Durchmesser von 4,20 Metern hat) an, wie eh und je. Aus Gründen der Wirtschaftlichkeit wird die Mühle jedoch nicht mehr gewerblich genutzt, sondern ist zum Mühlenmuseum geworden. Wer es besichtigt, sollte auf den soge-nannten „Klöppel" achten, der die Menge des aufs Mahlwerk rieselnden Getreides regelte. Sein Klappern ist es nämlich, das im alten Volkslied „Es klappert die Mühle am rauschenden Bach" besungen wird.

Nach der „Mühle am Rain" überquert man Straße und Bahnlinie, biegt rechts ab und folgt dem *„Floriansweg"* zurück nach Ottenhöfen.

Wie kommt man nach Ottenhöfen?

ÖPNV/Bahn:	Bahnverbindung Karlsruhe – Achern, Achertalbahn nach Ottenhöfen (s. Kap. 38)
Pkw:	A 5 bis Ausfahrt Achern (Nr. 53), über Kappelrodeck nach Ottenhöfen
Weglänge:	„Mühlen-Kurztour" wie beschrieben: 5 km gesamter „Mühlenrundweg": 15 km

Mühlenbesichtigungen

Nach Anmeldung über die Tourist-Information (s. Kap. 14) jederzeit möglich; Öffnungszeiten bitte ebenfalls dort erfragen.

Kartentipp:

1 : 30 000	LV BW, Wanderkarte „Hornisgrinde"

16 Mummeln und Moor

Mummelsee und Moorgipfel Hornisgrinde

Der sagenumwobene Mummelsee und die Hornisgrinde, mit 1 164 Metern Höhe der höchste Berg des nördlichen Schwarzwalds, sind bekannte und viel besuchte „Klassiker" im „Naturpark Schwarzwald Mitte/Nord".

Der stolze 1 036 Meter über dem Meeresspiegel gelegene **Mummelsee** liegt am Südhang der Hornisgrinde, unmittelbar neben der Schwarzwaldhochstraße (B 500). Vor dem „Berghotel Mummelsee" (kein Ruhetag) wurde ein großer Parkplatz für Busse und Pkws angelegt, gesäumt von einer Reihe Souvenirbuden, so dass böse Zungen vom „Rummelsee" sprechen. Dennoch übt der dunkle See, in dem sich die Tannen spiegeln, einen großen Reiz aus, der ihn bis heute zum beliebten Ausflugsziel und Mittelpunkt von Sagen und Gedichten macht. Sein seltsam erscheinender Name rührt von den Seerosen her, die im Volksmund früher „Nixblumen" oder „Mummeln" genannt wurden. Von da ist es nicht mehr weit zur Sage. So sollen gegen Abend Nixen dem See entstiegen sein, um, wie die meisten guten Geister, guten Menschen zur Hand zu gehen. Meist so lange, bis es ihnen wegen der Neugier und der Unvernunft einzelner Menschen verboten wurde. Bereits Grimmelshausen widmete dem See und den um ihn kreisenden Sagen in seinem 1666 veröffentlichten Roman „Simplicissimus" ein Kapitel. Unter den Lyrikern, die sich in die Verklärung des Sees mit einreihten, wie z. B. Ludwig Heinrich Christian Hölty: „Am Mummelsee" und August Schnitzler: „Mummelsee-Balladen", ragt Eduard Mörike mit seinem Gedicht „Die Geister am Mummelsee" heraus. Die Bedeutung, die dieses Gedicht für Mörike selbst hatte, ist daran zu ermessen, dass er es gleich zweimal auch innerhalb seiner Prosa verwendete: Als Teil des kurzen dramatischen Stückes „Der letzte König von Orplid" und als Einschub in seinem Roman „Maler Nolten". Bis in die neuere Zeit entstanden weitere Geschichten und Märchen, die sich um den Mummelsee und seine Geheimnisse drehen. Mit etwas Glück trifft man noch heute am Ufer des Sees gelegentlich den auf seinen Dreizack gestützten „Mummelseekönig" an.

Der Mummelsee ist der höchstgelegene von ursprünglich 60 Karseen, von denen ohne erhaltende Eingriffe jedoch nur noch acht existieren: nämlich „Mummelsee", „Wildsee", „Glaswaldsee", „Herrenwieser See", „Ellbachsee", „Buhlbachsee", „Schurmsee" und „Huzenbacher See". Alle Kare stammen aus der letzten Eiszeit, sind also vor ungefähr 10 000 Jahren entstanden. Mit dem Begriff „Kar" bezeichnet man nischenförmige Hohlformen, die aus einer Bergwand geschürft wurden. Sie entstanden, wenn Schnee und Eis bergab in Bewegung gerieten und dabei den Abhang aushobelten. Bei 20 Grad

Hangneigung reichte dafür eine abrutschende Schnee- und Eisdecke von 15 Metern, bei 30 Grad Hangneigung bereits eine von nur 9 Metern. Eine sogenannte „Karmulde" war entstanden. Das geschürfte Steinmaterial wurde am unteren Rand zu einem Wall, man nennt ihn „Moräne", zusammengeschoben. Sehr spät erst, nach dem völligen Abschmelzen des Eises, bildete sich in der frei gewordenen Mulde dann ein kleiner See, der Karsee.

Wer Glück hat, trifft den Mummelseekönig auf einem seiner Landausflüge

Viele Besucher umrunden nur den See. Doch bietet es sich an, hinauf zur **Hornisgrinde** zu wandern, der Aussicht, aber auch des neuen **Grindenpfads** wegen. Und manchmal liegt oben um Ostern noch mehr Schnee, als andere den ganzen Winter über in den Tälern gesehen haben.

Die Wanderung beginnt an der Rückseite des Mummelsee-Hotels. In den Sommermonaten kann man von hier aus auch im Bus hinauffahren. Sonst wandert man von hier aus auf der alten Militärstraße. Wenn der See auf der ansteigenden Straße quasi zur Hälfte umrundet ist, zweigt ein Fußweg ab zum *„Dreifürstenstein"*, einer historischen Grenzmarke aus dem frühen Mittelalter. Schließlich führt der Weg in den Randbereich des waldfreien Gipfels der Hornisgrinde. Die Bezeichnung „Grinde" übrigens steht für einen kahlen, baumlosen Bergrücken mit Hochmooren. Der Charakter der Hornisgrinde ist darin voll und ganz zum Ausdruck gebracht: In ihrem 1,5 Kilometer langen Gipfelbereich zeigt sie sich als ein langer, abgesehen von etlichen Latschen, kahler und mooriger Höhenrücken, der sich nahezu eben hinzieht. Die Moore sollen nicht betreten werden. Keine Zäune, nur Verständnis schützen sie. Damit sich Kinder wenigstens ein bisschen austoben können, solange ihre Eltern die weite Aussicht genießen, wurde eine Tarzanrolle installiert. Weiter geht es, teils über einen Bohlenweg, durch das Hochmoor. Erläuterungen geben die Tafeln des Grindenpfads. Gezeichnete Figuren, ein Schäfer, ein Schaf und sein Hütehund stellen zu dem, was da erläutert wird, ihre eigenen Überlegungen an. Kinder sollen verschiedene Aufgaben und Rätsel lösen. Am Ende des Bohlenwegs hält man sich rechts, zum *Hornisgrindeturm* hin und geht schließlich über die alte Militärstraße bergab zurück zum See.

Man kann sich überlegen, noch einen Besuch in **Seebach** anzuschließen. Es nennt sich selbst das „Mummelseedorf". Allerdings findet man es nicht am Mummelsee, sondern etliche Kilometer darunter. Mit seinem großen Abenteuerspielplatz, mit „Vollmers Mühle", dem Trachtenmuseum und dem mittelalterlichen Erzstollen „Silbergründle" hat es für Familien vielerlei Reizvolles zu bieten.

Wie kommt man zum Mummelsee?

ÖPNV/Bahn:	per Bahn nach Baden-Baden, weiter mit dem Bus Richtung Mummelsee, Seebach; ab Ottenhöfen fährt der Südwestbus bis hinauf auf die Hornisgrinde
Pkw:	A 5 bis Ausfahrt Baden-Baden (Nr. 51), B 500 (Schwarzwaldhochstraße) bis Mummelsee
Weglänge:	ca. 5 km
Infos:	Tourist-Information Ruhesteinstraße 21, 77889 Seebach Telefon 07842 948320 www.seebach.de

Hornisgrindeturm

Geöffnet:	bei guter Witterung 11.00 – 17.00 Uhr
Infos:	zum Lehrpfad (Grindenpfad) „Ruhestein-Haus", s. Kap. 17

Wie kommt man nach Seebach?

ÖPNV/Bahn:	s. o.
Pkw:	A 5 Karlsruhe-Basel bis Ausfahrt Achern, B 500 (Schwarzwaldhochstraße) über Kappelrodeck bis Seebach

Vollmers Mühle
77889 Seebach

Geöffnet:	Mai bis Oktober und in den Ferien sonntags 10.00 – 11.00 Uhr für Gruppen ganzjährig nach Vereinbarung
Infos:	Tourist-Information Seebach, s. o.

Trachten- und Volkskunstmuseum
77889 Seebach

Geöffnet:	dienstags, mittwochs und sonntags 14.00 – 17.00 Uhr Für Gruppen auch Sondertermine nach Vereinbarung unter Telefon 07842 3188.
Infos:	Tourist-Information Seebach, s. o.

Erzstollen Silbergründle
77889 Seebach

Infos:	s. Kap. 37 „Glück auf"

Kartentipp:

1 : 30 000	LV BW, Wanderkarte „Hornisgrinde"

17 Alpin – doch ohne Stress ...

Rund um den Seekopf

Die Aussicht, die Umgebung, alles fast alpin, doch alles das ist ohne Stress zu haben. Die vorgeschlagene Runde um den Seekopf ist viel eher Spaziergang als Wanderung, doch sehr reizvoll.

Ausgangspunkt der Wanderung ist der auf allen Seiten von Wald umgebene **Ruhesteinpass** (913 Meter) an der Schwarzwaldhochstraße. Die Wanderung beginnt an der Talstation des Ski- und Wanderlifts Ruhestein und führt in Serpentinen den Skihang hinauf. Alternativ kann man es noch ruhiger angehen lassen und mit dem Sessellift auf den Seekopf (1 054 Meter) hinaufschweben, sich so den Anstieg ersparen und dafür die Aussicht genießen. Oben jedenfalls wandert man geradeaus auf dem ebenen, gut ausgebauten Weg durch die mit Latschenkiefern bewachsenen Grindenflächen des Seekopfs. „Grinde" steht für eine kahle, baumleere Fläche. Meist ist sie „menschengemacht", sei es durch Rodung, durch Beweidung oder durch die Nutzung des Laubs als Einstreu für Viehställe, wie das früher durchaus üblich war. An der ersten Weggabelung geht es geradeaus weiter und mitten hinein in das Naturschutzgebiet **„Bannwald Wilder See – Hornisgrinde"**. Seit der Ausweisung als „Bannwaldgebiet" (1911) wurde das Gebiet jeglicher menschlichen Nutzung entzogen und vermittelt daher einen ganz eigenen Reiz. Am Weg liegt nur wenig später das **Euting-Grab**. Auf Dr. Julius Euting (1839 bis 1913), bekannt als der „Ruhesteinvater", geht die touristische Erschließung des Höhenzugs „Zuflucht – Ruhestein – Hornisgrinde" zurück. Es war sein Wunsch, hier begraben zu werden, wo man die schönste Aussicht auf den **Wildsee** hat. Der liegt tief unten, unterhalb des steilen, fast alpin wirkenden Osthanges des Seekopfs. Eben diesem „wilden" Blick in die Tiefe verdankt der eigentlich ruhige Karsee (s. Kap. 16) seinen Namen. Wer mag, kann ihm auf einem allerdings etwas beschwerlichen (hin und zurück ungefähr fünf Kilometer langen) Abstecher zusätzlich einen Besuch abstatten. Wer bei der kürzeren Version dieser Wanderung bleibt, folgt weiterhin der *roten Raute (R 1)* zur **„Darmstädter Hütte"** (dienstags Ruhetag). Danach beginnt schon der Abstieg. Auf dem mit *R 1* bezeichneten, sogenannten *„Meta-Weg"* (an der zweiten Weggabelung ist es nicht der breite Hauptweg, sondern der schmälere Weg links oben) geht es stetig abwärts durch Tannenwald, unterbrochen von herrlichen Ausblicken ins „Seebachtal" und über die Rheinebene bis zu den Vogesen. Hinter der Talstation des Sessellifts erreicht man wieder den Ausgangspunkt der Wanderung und hat dort die Möglichkeit zur Einkehr in der „Ruhestein-Schänke" oder beim musizierenden Hüttenwirt im „Grenzstüble".

Naturpädagogikprogramm auf dem Ruhestein

Nicht versäumen sollte man, im **„Naturschutzzentrum Ruhestein"** vorbeizuschauen. Es möchte dazu beitragen, dass Besucher die Natur hier oben verstehen und als schützenswert begreifen. Spaß und Action bieten darüber hinaus spezielle „Naturerlebnistage für Kinder". Wer Schulklassen oder Kindergruppen betreut, kann Termine für spezielle Erlebnisführungen vereinbaren. Unbedingt lohnenswert ist es, sich das jeweilige Jahresprogramm zu holen. Mit ihm ist man rechtzeitig über interessante Einzelveranstaltungen oder Führungen informiert.

Wie kommt man zum Ruhesteinpass?

ÖPNV/Bahn: Busanbindungen u. a. ab Baden-Baden oder Freudenstadt; Verbindungen, Fahrpläne und Telefonnummern im Jahresprogramm des Naturschutzzentrums

Pkw: A 81 bis Ausfahrt Horb (Nr. 30), über Freudenstadt und den Kniebis zur B 500 (Schwarzwaldhochstraße), Richtung Baden-Baden bis Ruhestein
oder A 5 bis Ausfahrt Baden-Baden (Nr. 51) bzw. Achern (Nr. 53), B 500 (Schwarzwaldhochstraße) bis Ruhestein

Weglänge:	Kernwanderung: ca. 5,5 km
	Abstecher zum Wildsee: zusätzlich 5 km
	Die Wanderung ist mit einer *roten Raute* und
	R 1 bezeichnet.

Sessellift Ruhestein

Geöffnet:	am Wochenende 9.30 – 17.30 Uhr
	in den Schulferien auch unter der Woche
Infos:	Telefon 07449 91053 oder 91054

Naturschutzzentrum Ruhestein
Schwarzwaldhochstraße 2, 77889 Seebach

Geöffnet:	Mai bis September
	dienstags bis donnerstags, samstags,
	sonn- und feiertags 10.00 – 18.00 Uhr
	Oktober bis April
	dito 10.00 – 17.00 Uhr
Eintritt:	frei
Tipp:	Fast noch ein Geheimtipp ist das Naturcamp Ruhestein, in dem Eltern mit ihren Kindern unverfälschte Wildnis erleben können.
	Die Lage des Naturcamps bleibt geheim. Wer den Platz bucht, wird dorthin begleitet.
Infos:	Telefon 07449 91020
	www.naturschutzzentren-bw.de
Einkehr:	Ruhestein-Schänke (außer in den Sommer-ferien freitags Ruhetag); Grenzstüble (montags Ruhtag)

Kartentipp:

1 : 30 000	LV BW, Wanderkarte „Hornisgrinde"

Am Ruhestein

Viele Wanderungen sind nicht kinderwagengeeignet. Wer trotzdem schon mit ganz kleinen Kindern unterwegs sein will, wird sich über die „Buggy-Tour" freuen, die eine Variante oder auch Alternative zur Wanderung rund um den Seekopf darstellt (7 km, Höhenunterschied 100 m).

So warm eingepackt macht auch ein Winterausflug Spaß

Ausgangspunkt der Wanderung ist der **Ruhestein**. Der hat seinen Namen nicht von ungefähr. Früher gab es Lastenträger, die aus den

Tälern heraufkamen. Hier machten sie eine Pause, stützten ihre schweren Traggestelle eine Zeit lang auf dem großen Sandstein ab.

Noch gleich unterhalb der Ruhesteinschänke biegt man links ab auf den „*Meta-Weg*" zur **„Darmstädter Hütte"** (dienstags Ruhetag). In der bewirtschafteten Hütte kann man einkehren, ehe man über den Legerbrunnen und das **Euting-Grab** (s. Kap. 17) den Skihang Ruhestein erreicht, über den ein Weg in weiten Serpentinen hinunter zum Ausgangspunkt führt.

Wer mag, kann noch im Grenzstüble oder in der Ruhesteinschänke einkehren. Nicht versäumen sollte man den Besuch im Naturschutzzentrum mit seiner interessanten Dauerausstellung zur Entstehung des Schwarzwalds und dem lustigen Krabbelgang für Kinder.

Infos: s. Kap. 17

Abenteuer Lotharpfad (zu Kap. 19)

„Sturmlehrpfad" an der Schwarzwaldhochstraße

Zerstörung und Chaos, aber auch Neubeginn und letztlich sogar Lernen und Spaß, das alles vereint der zwischen Alexanderschanze und Ruhestein gelegene „Sturmlehrpfad Lothar". Ohne Vorwarnung fegte am zweiten Weihnachtsfeiertag 1999 ein Orkan mit bis zu 200 Stundenkilometern Geschwindigkeit übers Land. Ergebnis? 30 Millionen Kubikmeter Sturmholz und 40 Millionen Hektar Kahl-fläche. Leergefegte Schneisen entlang der Schwarzwaldhochfläche entstanden so in knapp zwei Stunden. Nicht gerechnet die vielen abgedeckten Dächer und Sturmschäden an anderen Stellen, war der Nordschwarzwald am stärksten betroffen. Doch schon innerhalb von Stunden begann die Landesforstverwaltung mit der Aufarbeitung dieser gewaltigen Holzmasse. Zugleich entstand der Gedanke, eine der Flächen sich selbst zu überlassen und zu beobachten, was passiert, wie die Natur selbst mit so etwas umgeht.

Auf sicherem Pfad durch die Sturmschäden

Neu war die Überlegung, diesen dichten Verhau aus umgestürzten Bäumen und aufgeklappten Wurzeltellern nicht nur als Forschungsprojekt zu erhalten, sondern darüber hinaus jedermann zugänglich zu machen. So entstand die Idee zum bald allseits beliebten „Lotharpfad" oder „Sturmwurf-Erlebnispfad". Stege, Leitern und Treppen wurden angelegt, mitten hinein ins Chaos, in ein Stück Wald, das nach dem Sturm nicht geräumt wurde. Hautnah kann man dort nun erleben, wie die Natur mit den Folgen des Orkans umgeht: Heute, rund zehn Jahre später, zeigt sich überall neues Leben, sind aus den Sämlingen bereits neue kleine Bäume entstanden. Zehn Hektar, also etwa zehn Fußballfelder groß ist das Gelände. Der kurze, aber spannende Rundweg macht Kindern großen Spaß. Wer Interesse an geführten Touren hat, sollte sich beim Naturschutzzentrum Ruhestein (s. Infos Kap. 17 „Alpin – doch ohne Stress ...") über die jeweiligen Termine informieren.

Wie kommt man zum „Sturmlehrpfad"?

Pkw:	A 5, Ausfahrt Baden-Baden (Nr. 51) oder Achern (Nr. 53), B 500 (Schwarzwaldhochstraße), Richtung Freudenstadt, vorbei am Schliffkopfhotel; nach 3 Kilometern ist rechts ein Parkplatz mit einer Notrufsäule, dort parken
	A 81 bis Ausfahrt Horb (Nr. 30); über Freudenstadt auf die B 500 (Schwarzwaldhochstraße), geradeaus weiter bei der Abzweigung nach Oppenau; nach dieser Kreuzung noch etwa 3 Kilometer weiter, die Schwarzwaldhochstraße bis zu einem Parkplatz mit Notrufsäule
Weglänge:	1 km
Geöffnet:	Von Mai bis November ist der Pfad begehbar.
Infos:	Naturschutzzentrum Ruhestein (s. Kap. 17)

Kartentipp:

1 : 30 000	LV BW, Wanderkarte „Hornisgrinde"

Auf die Burg Hohengeroldseck, nach Zell am Harmersbach und Nordrach

Eine Reise in die Vergangenheit, das kann auf einem Ausflug wie diesem ungemein spannend sein. Die Reise beginnt mit dem Besuch der Ruine Hohengeroldseck, die sicher eine der schönsten Ruinen im Nordschwarzwald ist. Weiter geht es vielleicht mit einem Besuch in Seelbach, ganz sicher aber mit einem in Zell am Harmersbach. An der reizvollen Altstadt und den liebenswerten Museen dort sollte man keinesfalls vorbeifahren! Und wer an Teddys und Puppen Spaß hat, sollte das Puppenmuseum in Nordrach nicht versäumen.

Die eindrucksvolle **Burgruine Hohengeroldseck** liegt auf einem mächtigen, vulkanischen Porphyrfelsen über der Pass-Straße Seelbach-Schönberg. Sie war von ihrer Vollendung um 1250 bis zu ihrer Zerstörung 1689 die Stammburg der Geroldsecker, nach denen diese Gegend bis heute auch als das „Geroldsecker Land" bekannt ist. Die Geroldsecker waren kriegerische Grafen, die als Raubritter den Zugang zum Rhein sperrten, hohe Zölle verlangten und von ihrer Burg aus die ganze Gegend beherrschten. Deshalb gab es auf der Burg sogar gleich zwei stattliche Wohngebäude. Die Außenmauern des einen sind über eine Höhe von vier Stockwerken noch erhalten. Über eine Wendeltreppe kann man hinauf auf eine Plattform steigen und den Blick über den Schwarzwald und über die Rheinebene bis zu den Vogesen genießen. Auch sonst ist ungewöhnlich viel an Mauerwerk erhalten: Alles das auszukundschaften macht Kindern einfach Spaß und deshalb gibt es sicher auch keine Gegenstimmen, wenn es darum geht, hinaufzuwandern. Als Tipp sei verraten, dass alljährlich beim „Käterlesmarkt" in Seelbach auch all die Ritter wieder „lebendig" werden: wenn wie immer am 20. November im „Historischen Auftakt" in der Außenanlage des ehemaligen Klosters im Ortskern von Seelbach die Verleihung des Marktrechts an Diebolt I. von Geroldseck in prächtigen Kostümen und einer eindrucksvollen Anzahl von Rittern nachgestellt wird.

Weiter geht die Reise nach **Zell am Harmersbach**. Die nach ihrer damaligen Einwohnerzahl kleinste aller Freien Reichsstädte glänzt heute entlang ihrer Hauptstraße durch hübsche Ensembles an Fachwerk- und Jugendstilbauten, die Anfang des 20. Jahrhunderts errichtet wurden, und gutes Eis, das überall zu haben ist. Bekannt aber ist Zell am Harmersbach durch seine Keramik. Das bekannte Dekor „Hahn und Henne" der Zeller Keramikfabrik gibt es seit über 100 Jahren, selbst in den USA oder in Australien kennt man es. Wer mag, kann sich auch sonntags im Werksverkauf umsehen, oder mittwochs einmal eine der Werksführungen mitmachen. Aber zurück zur Stadt selbst. Vergangenheit ist hier auch lebendig in den Museen „Storchenturm" und „Fürstenberger Hof". Der **„Storchenturm"** war ursprünglich Teil der alten Stadtbefestigung. Er diente als Wachtturm, Hungerverließ und Turmkerker. Die Zellen, niedrig, nur mit Stroh ausgelegt, kann man wie vieles andere besichtigen. Ein weiteres, sehr liebevoll gestaltetes Museum ist das Heimat- und Bauernhofmuseum **„Fürstenberger Hof"**. Bis 1970 noch voll bewirtschaftet, 1991 abgebrannt und original wieder aufgebaut, ist es so eingerichtet, als sei die Familie nur kurz mal weggegangen. Gleich daneben, im Kurpark gibt es noch einen hübschen Spielplatz.

Letzte Station der Reise in die Vergangenheit ist das **Spielzeug- und Puppenmuseum** im Nachbarort **Nordrach**: Schwerpunkt sind rund 3 500 sorgfältig bekleidete Teddys und Puppen, die nach Themen wie „Bei der Feldarbeit", „Im Frühjahr auf dem Bauernhof" oder „Trachtenhochzeit" geordnet sind. Doch gibt es auch noch vielerlei anderes Spielzeug zu bestaunen.

Wie kommt man zur Ruine Hohengeroldseck?

ÖPNV/Bahn:	Leider besteht keine Möglichkeit, die Hohengeroldseck mit öffentlichen Verkehrsmitteln zu erreichen.
Pkw:	A 81 bis Ausfahrt Oberndorf (Nr. 33), über Alpirsbach auf der 294 bis Biberach; von dort auf der B 415 Richtung Lahr bis zum Parkplatz bei der Burg Hohengeroldseck
	A 5 bis Ausfahrt Lahr (Nr. 56), weiter auf der B 415 bis zum Parkplatz bei der Burg Hohengeroldseck bzw. direkt nach Seelbach
Weglänge:	ca. 3 km (hin und zurück; es gibt auch einen kleinen Parkplatz direkt unter der Burg)
Geöffnet:	Die Burg ist ganzjährig frei zugänglich.
Infos:	Verkehrsamt Seelbach Hauptstraße 7, 77960 Seelbach Telefon 07823 949452 www.seelbach-online.de

Pause bei der Ruine Hohengeroldseck

Wie kommt man nach Zell am Harmersbach?

ÖPNV/Bahn:	per Bahn über Biberach (Baden)
Pkw:	A 5 bis Ausfahrt Lahr (Nr. 56), B 415 über Biberach
Infos:	Tourist-Info Alte Kanzlei, 77736 Zell am Harmersbach Telefon 07835 636947 www.zell.de

ℹ

Storchenturm-Museum
77736 Zell am Harmsbach (Stadtmitte)

Geöffnet:	April bis Oktober täglich außer montags an Feiertagen geöffnet	14.00 – 17.00 Uhr
Infos:	Tourist-Info, s. o.	

Heimatmuseum Fürstenberger Hof
77736 Zell-Unterharmersbach

Geöffnet:	April bis Oktober donnerstags, sonntags	15.00 – 17.00 Uhr
Führungen:	Sonderführungen für Gruppen ab 10 Personen ganzjährig möglich	
Infos:	Museumstelefon 07835 5358 oder beim Museumsleiter Gottfried Gutmann Telefon 07835 1048 und Tourist-Info s. o.	

Zeller Keramik (Geschwister Hildebrand GmbH)
Hauptstraße 2, 77736 Zell am Harmersbach

Geöffnet:	montags bis freitags	9.00 – 17.30 Uhr
	samstags	9.00 – 16.00 Uhr
	Mai bis Dezember auch sonn- und feiertags	9.00 – 17.00 Uhr
Infos:	Telefon 07835 786-0 www.zeller-keramik.de	

Wie kommt man nach Nordrach?

ÖPNV/Bahn:	per Bahn über Biberach (Baden) nach Zell am Harmersbach, mit dem Linienbus weiter nach Nordrach
Pkw:	s. Zell am Harmersbach und weiter nach Nordrach
Infos:	Tourist-Info Nordrach Im Dorf 26, 77787 Nordrach Telefon 07838 929921 www.nordrach.de

Spielzeug- und Puppenmuseum Nordrach
Im Dorf 76, 77787 Nordrach

Geöffnet:	1. Juli bis 15. September	
	täglich	14.00 – 17.00 Uhr
	samstags,	
	sonn- und feiertags	14.00 – 17.00 Uhr
	im Winter	
	täglich	14.00 – 16.30 Uhr
	für Gruppen jederzeit nach Vereinbarung	
Infos:	Telefon 07838 1225, 636 oder 929921	

Tipp:
Familien, die am Adventure-Golf ihren Spaß hatten, sei verraten, dass ein weiterer „**Adventure Mini.Golf.Park**" in Oberharmersbach eröffnet hat. Die Anlage hat einen gartenähnlichen Charakter, wurde mit Naturmaterialien erstellt und die 18 Bahnen tragen meist Namen aus der Natur oder der Sagenwelt.

Wie kommt man hin?

ÖPNV/Bahn:	mit der Bahn zur Station Oberharmersbach-Riersbach bis unmittelbar zum Eingang
Pkw:	A 5 bis Ausfahrt Lahr (Nr. 56) über Biberach nach Oberharmersbach
Geöffnet:	bei trockenem Wetter
	täglich 10.00 – 20.00 Uhr
Infos:	Telefon 07837 9223460
	www.adventure-minigolfpark.de
weitere Infos:	Tourismus e. V. Oberharmersbach
	Dorf 60, 77784 Oberharmersbach
	Telefon 07837 277
	www.oberharmersbach.net
	(auch zu **Mountainbiketouren**, s. Kap. 34)

Kartentipp:

| 1 : 50 000 | LV BW, Freizeitkarte 503, „Offenburg" |

21 Schwarzwaldhaus und Bollenhut

Rundfahrt von Gutach über Haslach nach Hausach

Schwarzwaldhaus und Bollenhut sind neben der Kuckucksuhr, die als „cuckoo-clock" auch bei Amerikanern geschätzt wird, Synonyme für den Schwarzwald geworden. Was es damit auf sich hat, kann man auf dieser Rundfahrt sehen und erleben. Sie beginnt im Gutachtal, geht das Prechtal hinunter bis Elzach, wo sich über Mühlenbach und Haslach die durch eine Vielzahl prächtiger Schwarzwaldhöfe landschaftlich sehr reizvolle Runde schließt. Diese Tour ist vor allem auch dann geeignet, wenn man Freunde aus dem In- oder Ausland

Hinter jeder Tür gibt es Spannendes zu entdecken

zu Besuch hat und ihnen möglichst viele Eindrücke in kurzer Zeit verschaffen will.

Wer etwas über die Kulturgeschichte des ländlichen Schwarzwalds in den letzten 400 Jahren erfahren will, muss zuallererst einmal das **Schwarzwälder Freilichtmuseum Vogtsbauernhof** im Gutachtal besuchen. Wie nirgends sonst erhält man hier einen lebendigen, umfassenden Eindruck in alle Bereiche der traditionellen Kultur dieses Raumes.

Grundstock des Freilichtmuseums sind verschiedene Schwarzwald-Bauernhäuser. Alle Höfe sind komplett mit Hausrat und Wirtschaftsgeräten eingerichtet und können auch von innen besichtigt werden. Sie wirken so bewohnt, dass man an ruhigeren Besuchstagen leicht das Gefühl hat, gleich würde man vom Besitzer entrüstet hinausgewiesen ...

Übers Jahr verteilt gibt es hier vielerlei Aktionstage mit Vorführungen. Immer einen Besuch wert ist das Kinder- und Familienfest im Sommer: Handwerkervorführungen, „alte" Spiele zum Mitmachen, Kindertrachtentanz und Kuchenbacken stehen dann auf dem Programm. Über alle Veranstaltungen im Museum informiert das Jahresprogramm oder das Internet.

Nur ein kurzes Stück ist es vom Freilichtmuseum Vogtsbauernhof auf der B 33 nach **Gutach**, dem Hauptort des Gutachtales mit seinen herrlichen, großen Schwarzwaldhöfen, die hier noch einfach Wohnraum sind. Wer seinen Füßen im wahrsten Sinn des Wortes etwas Gutes tun will, legt am *Barfußpark „Park mit allen Sinnen"* eine Pause ein, bevor am Ortsende von Gutach die eigentliche Rundfahrt beginnt.

Im Auto geht es nun bergauf in Richtung Oberes Prechtal. Auf der Höhe angelangt findet sich rechts ein Parkplatz, von dem ein drei Kilometer langer Weg (Teil des europäischen Fernwanderwegs *E 1*) auf den 789 Meter hohen *Farrenkopf* führt, der seiner schönen Aussicht wegen zu einem beliebten Wanderziel wurde. Nicht weit vom Parkplatz steht ein gemauerter Grill. Von dort hat man einen schönen Blick zurück ins Gutachtal.

Anschließend fährt man wieder bergab, vorbei am Ausflugslokal „Landwassereck". Durchs Obere und Untere Prechtal gelangt man, an Wiesenhängen und stattlichen Höfen entlang, bis zu einer Kreuzung kurz vor Elzach. Hier biegt man nach rechts auf die B 294 in Richtung Haslach/Freudenstadt ab. Überall sieht man Schwarzwaldhöfe, einer scheint schöner als der andere. Und doch sind sie alle keine Museen, sondern intakte Vollerwerbsbetriebe.

Von Mühlenbach fährt man über die B 294 ins nahe **Haslach** weiter. Das bereits im Kinzigtal gelegene alte Städtchen ist der

Geburtsort des Volksschriftstellers und Freiburger Stadtpfarrers Heinrich Hansjakob (1837 bis 1916). Den Alterssitz des Dichters im Freihof hat man als Gedenkstätte und **Hansjakobmuseum** wiederhergestellt. Die Eintrittskarte zum Hansjakobmuseum gilt auch für das **Schwarzwälder Trachtenmuseum**, das im alten Kapuzinerkloster Haslachs untergebracht ist. Erstaunt stellt man fest, dass es eine Vielzahl ganz unterschiedlicher Trachten gibt, abhängig von der Landschaft, der Mentalität der Bewohner, ihrem (Wohl-) Stand oder ihrer Konfession. Man hatte eine Sonntags- und eine Werktagstracht und das Tragen einer Tracht war in den ländlichen Gebieten bis zum Ende des 19. Jahrhunderts allgemein üblich. Interessant ist, dass die berühmte und zu einem Markenzeichen des Schwarzwalds gewordene Gutacher Tracht erst zwischen 1700 und 1750 in den Gemeinden des einstigen Amtes Hornberg entstanden ist. Und dass der „Bollenhut", kunstfertig aus Draht, Leinen, Gips und Stroh hergestellt, ursprünglich nichts weiter als ein modisches Accessoire war, das erst seine Beliebtheit zum Trachtenbestandteil werden ließ. Die Farbe der „Bollen" verriet dabei schon von Weitem, ob eine Frau noch unverheiratet (rote Bollen) oder schon verheiratet (schwarze Bollen) war.

In Haslach biegen wir rechts auf die B 294 in Richtung Hausach ab. In **Hausach**, an der Einmündung der Gutach in die Kinzig, schließt sich der Kreis. Wer noch Lust hat, macht einen Abstecher auf die oberhalb des Ortes gelegene *Ruine Hausach* (Husen), die einst der Stammsitz des Minnesängers Friedrich von Husen war.

Wie kommt man ins Gutachtal?

ÖPNV/Bahn:	mit der Schwarzwaldbahn Offenburg-Konstanz, Bahnhof Hausach; von dort mit dem Bus der Tarifgemeinschaft Ortenau (TGO). Die Haltestelle ist direkt am Museumsparkplatz.
PKW:	A 81, Ausfahrt Oberndorf (Nr. 33) über Alpirsbach auf der B 294 nach Hausach, Gutachtal
	A 5, Ausfahrt Lahr (Nr. 56) nach Biberach, weiter auf der B 294 Richtung Hausach, Gutachtal
Infos:	TGO – Tarifverbund Ortenau GmbH Badstraße 20, 77652 Offenburg Telefon 0781 805-9643 www.ortenaulinie.de

Schwarzwälder Freilichtmuseum Vogtsbauernhof
77793 Gutach (an der B 33)

Geöffnet:	Ende März bis Anfang November
	täglich 9.00 – 18.00 Uhr
	Juli und August 9.00 – 19.00 Uhr
	Winteröffnungszeiten im Internet
Infos:	Telefon 07831 9356-0
	www.vogtsbauernhof.org

Park mit allen Sinnen
Hauptstraße 95, 77793 Gutach

Weglänge:	Barfußweg 2 km
Geöffnet:	März bis Oktober
	täglich 10.00 – 20.00 Uhr

Hier wurde einst mancher Stamm zersägt

Infos:	MAS Park mit allen Sinnen GmbH Yburgstraße 4, 77855 Achern Telefon 07841 682434 www.park-mit-allen-sinnen.de
weitere Infos:	Gemeinde Gutach, Hauptstraße 38 77793 Gutach/Schwarzwaldbahn Telefon 07833 9388-0 www.gutach-schwarzwald.de

Hansjakobmuseum
Im Freihof, Hansjakobstraße 17, 77716 Haslach

Infos:	Telefon 07832 4715 und s. u. Schwarzwälder Trachtenmuseum

Schwarzwälder Trachtenmuseum
Im Alten Kapuzinerkloster, Klosterstraße 1, 77716 Haslach

Eintritt:	Die Eintrittskarten gelten auch für das Hansjakobmuseum Haslach.
Infos:	Telefon 07832 8080
	Tourist-Information Haslach Im Alten Kapuzinerkloster 77716 Haslach im Kinzigtal Telefon 07832 706-170 www.haslach.de

Ruine „Burg Husen"
in Hausach. Von der Hauptstraße führt ein Fußweg (*rote Raute*) hinauf. Die Ruine ist frei zugänglich.

Infos:	Kultur- und Tourismusbüro Hauptstraße 43, 77756 Hausach Telefon 07831 7975 www.hausach.de

Kartentipp:

1 : 50 000	LV BW, Freizeitkarte 504 „Freudenstadt"

In Alpirsbach

„Beten und Büffeln" – das soll Spaß machen und ein Ausflug sein? Und dazu noch in den Ferien? Eine seltsame Kombination und doch so, wie sie heute in Alpirsbach angeboten wird, ein riesiger und lehrreicher Spaß.

Mit Brosi durch die Klosteranlage

Der Luftkurort **Alpirsbach** an der oberen Kinzig ist vor allem als Klosterstadt bekannt. Das Kloster wurde 1095 als ein mit vielen Ländereien ausgestattetes Doppelkloster gegründet und 1099 eingeweiht. Da es zudem Vogtei, also Sitz eines Richters, war, gelangte der Ort zu einigem Wohlstand, der bis 1505 anhielt. Danach richteten Brände und aufrührerische Bauern schwere Verwüstungen an. Die Säkularisierung von 1807, die Überführung des geistlichen in weltlichen Besitz, führte schließlich zur Aufhebung des Kirchengutes mit sämtlichen Rechten und Besitzungen. Dennoch: Die romanische Klosterkirche, eine außergewöhnlich stilgetreue, dreischiffige Säulenbasilika, ist eines der am besten erhaltenen Beispiele der cluniazensischen Reformarchitektur. Heute jedoch wird sie als evangelische Kirche genutzt. Unbedingt näher ansehen sollte man sich das Relief „Christus auf dem Regenbogenthron" über dem Eingangsportal sowie die Lastersäule (rechts) und Tugendsäule (links) im Innern, deren Bestandteile zu erkennen und zu deuten auch Kinder interessieren wird. Auf jeden Fall dann, wenn die Fledermaus „Brosi" Kinder ab fünf Jahre durch die Klosteranlage führt und aus dem Leben erzählt „von vor vielen, vielen Jahren, aus dem Mittelalter". Für Kinder ab acht Jahre geeignet ist die Führung „Beten und Büffeln – Das Alltagsleben in der Klosterschule". Anhand von erfundenen Briefen eines Klosterschülers an einen Freund erfahren sie, was Kinder damals bewegte, wie ihr Tagesablauf aussah. Anschließend können sie ihr neu erworbenes Wissen kostümiert im Rollenspiel umsetzen.

Für Kindergruppen oder anlässlich von Kindergeburtstagen sind diese Veranstaltungen übrigens auch als Sonderführung (mindestens zwei Wochen im Voraus) buchbar.

Schreibübungen der Novizen

Dass Mönche gute Biere brauen, ist allgemein bekannt. Von der Qualität des Klosterbräus in Alpirsbach können sich die Erwachsenen selbst überzeugen. Weshalb es die enge Verbindung zwischen Glasbläsern und Mönchen gibt, ist bis heute nicht befriedigend geklärt. Man weiß aber speziell von den Benediktinerklöstern St. Peter, St. Blasien, St. Georgen und Gengenbach, dass sie eigene Glashütten besaßen oder an Glasbläser verpachteten. Auch Alpirsbach hatte und hat eine **Glasbläserei**, und die kann auch besichtigt werden. Sie liegt dem Kloster gegenüber (etwas versteckt) hinter dem Gasthaus „Löwen".

Wer die Umgebung kennenlernen möchte, dem sei über den „Flößerpfad" (s. Kap. 23 „Spuren der Flößer") hinaus eine weitere reizvolle kleine Wanderung vorgeschlagen: Im Zusammenhang mit der „Trinkwassertalsperre Kleine Kinzig" wurde der **„Schwarzwälder Wasserpfad"** im landschaftlich idyllischen Tal der „Kleinen Kinzig" angelegt. Er informiert auf 34 Tafeln über alles, was mit Wasser zusammenhängt und ist bequem auch mit kleineren Kindern zu gehen.

Wie kommt man nach Alpirsbach?

ÖPNV/Bahn:	gute Bahnverbindungen über Freudenstadt und Hausach
Pkw:	A 81, Ausfahrt Oberndorf (Nr. 33) nach Alpirsbach
	A 5 bis Ausfahrt Offenburg (Nr. 55), dann das Kinzigtal hoch (B 33/B 294)
Infos:	Tourist-Information Alpirsbach Haus des Gastes Hauptstraße 20, 72275 Alpirsbach Telefon 07444 9516-281 www.alpirsbach.de

Historische Klosteranlage Alpirsbach

Geöffnet:	15. März bis 1. November	
	werktags	10.00 – 17.30 Uhr
	sonn- und feiertags	11.00 – 17.30 Uhr
	2. November bis 14. März	
	donnerstags, samstags	
	und sonntags	13.00 – 15.00 Uhr
Infos:	Telefon 07444 51061	
	November bis März Tourist-Information s. o.	

Alpirsbacher Glasbläserei
Krähenbadstaße 3, 72275 Alpirsbach

Geöffnet:	montags bis freitags	10.00 – 18.00 Uhr
	samstags	10.00 – 16.00 Uhr
	ab Ostern	
	zusätzlich sonntags	14.00 – 17.00 Uhr
	Vorführungen für Gruppen nach Voranmeldung	

Eintritt:	frei	
Infos:	Telefon 07444 6009	
	www.glasblaeserei-alpirsbach.de	

Schwarzwälder Wasserpfad

Ausgangspunkt: Infopavillon am Wanderparkplatz „Oberes Dörf-le"/„Kleine Kinzig" bei Reinerzau – **Achtung: Reinerzau ist mehrere Kilometer von Alpirsbach entfernt** – entweder ist ein Pkw erforderlich oder die Anreise muss über Freudenstadt erfolgen, von wo aus es eine Busverbindung gibt.

Der Pfad ist kinderwagengeeignet. Flyer oder eine ausführliche Broschüre (letztere EUR 10,00) gibt es bei der Tourist-Information Alpirsbach.

Weglänge: 6 km
mit Umrundung des Stausees: 12 km

Kartentipp:
1 : 50 000   LV BW, Freizeitkarte 504, „Freudenstadt"

Auf dem Flößerpfad zwischen Lossburg und Alpirsbach

Der Flößerpfad ist eine kleine Zeitreise. Die landschaftlich reizvolle Streckenwanderung von Lossburg nach Alpirsbach verläuft als Erlebnispfad, auf dem man vieles zur Geschichte, Waldwirtschaft und vor allem zur Flößerei erfährt. Kinder können unterwegs auf ein Schaufloß steigen, am Miniwehr und Flößerspielplatz dem Wasser begegnen. Beginnt man den Ausflug im „Zauberland an der Kinzig" in Lossburg, was sich durchaus eignet, auch weil die Kinzig hier entspringt, wird zusammen mit dem Flößerpfad daraus ein runder Tagesausflug. Es ist grundsätzlich natürlich möglich, die Wanderung auch in Alpirsbach zu beginnen, dann allerdings hat man gute 200 Höhenmeter bergauf zu bewältigen.

Nach dem Besuch der Wasserspiele am Zauberland-Pavillon geht es vorbei an der Infotafel **Flößerpfad** (rechts vom Freibad, an den Parkplätzen) in den Wald hinein und links bergab der Kinzig zu. Von da an begleitet sie den Weg. Doch erst nach dem *„Emilienbrückle"* ist man an Stellen der Kinzig angelangt, die für die Flößerei eine Rolle spielten. Die Flößerei selbst hat eine uralte Tradition hier in der Region. Bis hinunter zum Rhein ist sie seit dem 14. Jahrhundert belegt, wohl aber schon seit dem 13. Jahrhundert betrieben worden. Bei den Tourist-Informationen gibt es zum Pfad eine sehr informative kostenlose Broschüre, die man sich vorab besorgen und auf die Wanderung mitnehmen sollte. Abkürzungen der Wanderung sind möglich. Busse fahren von mehreren Haltestellen aus in beide Richtungen zu den Bahnhöfen in Lossburg und Alpirsbach. Viel hat man über die Flößerei bereits erfahren, wenn der große Campingplatz von Alpirsbach erreicht ist. Dort findet man auch den „Flößerbergspielplatz", der vielleicht noch einmal Anlass für eine letzte Pause unterwegs sein kann. Noch vor der Brücke biegt man ab, um am Waldrand entlang die ersten Häuser von Alpirsbach zu erreichen. Nach der Brücke am Zusammenfluss von Kinzig und Aischbach, geht es bei der Tankstelle rechts in eine Gasse. Neben Gleisen, unter einer weiteren Brücke durch, dann ist am Kurpark die Münsterkirche des ehemaligen Benediktinerklosters erreicht (s. Kap. 22 „Beten und Büffeln"). Das ehemalige Kloster besichtigen, beim Glasbläser hereinschauen, durch die hübsche Altstadt bummeln – so könnte der Ausflugstag gemütlich zu Ende gehen. Auch hier vergeht die Zeit wie im Flug. Doch kann man sie gut nutzen, denn zum Bahnhof sind es nur wenige Minuten zu Fuß.

Wie kommt man nach Lossburg?
(s. Kap. 24)

kurz vor Ortsende Lossburg in Richtung Alpirsbach, rechts (aus-geschildert) zum Zauberland und Ausgangspunkt Flößerpfad

Wie kommt man nach Alpirsbach?
(s. Kap. 22)

Infos über die aktuellen Abfahrtszeiten der Busse bekommt man im Zauberland-Pavillon, bei den beiden Tourist-Informationen, in allen Gaststätten und Vesperstuben entlang des Flößerpfads sowie auf dem Campingplatz Alpirsbach.

Weglänge:	12 km, Abkürzungen möglich
Infos:	zur Erreichbarkeit – Tourist-Informationen s. Kap. 22 (Alpirsbach) und 24 (Lossburg)

Kartentipp:

1 : 50 000	LV BW, Freizeitkarte 504, „Freudenstadt"

Das Schild zum Pfad

Nach Lossburg

Die Kinzigfee gibt's wirklich. Die Märchenfrau auch. Na ja, fast wenigstens. Zu bestimmten Terminen kann man beide in Lossburg antreffen. Was auf jeden Fall da ist, ist das „Zauberland" und allein das lohnt bereits den Ausflug.

Lossburg hat im **„Zauberland an der Kinzig"** etwas wirklich Schönes geschaffen und für Familien sei vorab verraten: Es kostet keinen Cent Eintritt. Wenn das nicht mit Zauberei zu tun hat ... Das „Zauberland" ist ein begehbarer Naturpfad zum Erspüren der Elemente Wasser, Luft und Erde – und zwar mit allen Sinnen. Auch Märchen, Sagen und Mythen spielen eine Rolle. Stationen unterwegs sind etwa die begehbare Kräuterduftspirale, die Wasserlabyrinth-Spielewelt, der Quellenpfad im Feenwald oder der Floßsteg über den Kinzigsee.

Zu bestimmten Terminen übers Jahr gibt es Familiennachmittage mit der Fee oder neu, auch mit der „Märchenfrau". Ein Märchen, das die Fee oft erzählt, ist, wie es zur Quellteilung der Kinzig (deren einer Teil Richtung Alpirsbach, der andere durch Lossburg gelenkt wird) kam: Weil sich vor langer, langer Zeit der kleine Hans davor fürchtete, seinen Vater durch den dunklen und gefährlichen Wald zur Mühle nach Alpirsbach zu begleiten und er sich daher nichts sehnlicher wünschte, als dass es in Lossburg selbst eine gäbe ...

Die Mühle, von der im Märchen die Rede war, gibt es heute nicht mehr. Aber noch immer fließt ein Teil der Kinzigquelle durch diesen Wassergraben nach Lossburg, dann über den Fischbach in die Glatt und bei Horb in den Neckar. Erst wenn der Neckar bei Mannheim in den Rhein mündet, sind die Wasser der Kinzigquelle wieder miteinander vereint. Ein Teil des Quellwassers läuft in den Kinzigsee, ein großer Teil aber wurde früher auch als Trinkwasser in sogenannten „Teucheln" nach Lossburg geleitet. „Teucheln" nannte man die ausgehöhlten Baumstämme, die als „natürliche" Wasserleitungen ihren Inhalt vor Verschmutzung und Verdunstung schützten. Ihre Herstellung erforderte einen eigenen, heute verschwundenen Handwerksberuf, den „Teuchelmacher". Auf Reste solcher alter Teuchel trifft man noch heute an vielen Orten. Auf der Burg Zavelstein (s. Kap. 35 „Endlich Frühling"), wo noch ein eiserner „Teuchelbohrer" hängt, kann man gut sehen, wie die einzelnen Holzröhren mit runden Eisenstücken verbunden wurden, um an den Nahtstellen Sickerverluste zu vermeiden.

Die Kinzig hatte und hat für den Schwarzwald eine wesentliche Bedeutung. Sie war Flößerstraße (s. Kap. 23 „Spuren der Flößer") und Namensgeber für eine Stilart des Schwarzwaldhauses, die sich die „Kinzigtaler Bauweise" nennt. Sie ist auch die Sprachgrenze zwischen dem Alemannischen des Südens und dem Schwäbisch-Fränkischen des Nordens. Und sie wird – und damit sind wir in der Gegenwart angelangt – teilweise auch als die Grenze zwischen Nord- und Süd- bzw. Nord- und Mittlerem Schwarzwald angesehen.

Direkt beim „Zauberland" ist auch das Lossburger Freibad. Rutschbahn, Wasserpilz, Kinderplantschbecken sowie ein Bachspielplatz an der Kinzig sorgen bei Klein und Groß für den sommerlichen Badespaß. Das Bad ist übrigens auf 23 Grad Celsius beheizt.

Wasserspielplatz im Lossburger Zauberland

Wie kommt man nach Lossburg ins „Zauberland"?

ÖPNV/Bahn:	gute Bahnverbindungen über Freudenstadt; das „Zauberland" ist in einem kurzen Spaziergang vom KinzigHaus aus zu erreichen
Pkw:	A 5 bis Ausfahrt Rastatt (Nr. 49), B 462 Richtung Freudenstadt bis Lossburg
	A 81 bis Ausfahrt Horb (Nr. 30), von Freudenstadt B 294 bis Lossburg
	Das Zauberland und Freibad liegen am Ortsende, an der Straße nach Schömberg.

Zauberland an der Kinzig

Geöffnet:	frei zugänglich
Infos:	Broschüre am Info-Pavillon, bei der Tourist-Information (s. u.) oder im Internet unter www.zauberland-lossburg.info

Frei(zeit)bad Lossburg

Geöffnet:	Mai bis September täglich 9.00 – 20.00 Uhr
	Kassenschluss 19.00 Uhr
Infos:	Lossburg-Information im KinzigHaus
	Hauptstraße 46, 72290 Lossburg (Ortsmitte)
	Telefon 07446 9504-60
	www.lossburg.de

Kartentipp:

1 : 50 000	LV BW, Freizeitkarte 504, „Freudenstadt"

25 Zeigt her eure Füße

Im „BarfußPark" in Dornstetten-Hallwangen

Barfuß über Rasen, Sand, Moos, Erde, aber auch über spitze Kiesel und durchs Wasser gehen ... Den Gleichgewichtssinn testen, sich rückwärts über unterschiedlich hohe Stelzen tasten, aber auch mit geschlossenen Augen ganz bewusst die Stille, das Rauschen des Windes oder Vogelrufe erleben, das alles kann man im **„BarfußPark Dornstetten-Hallwangen"** im räumlich von Dornstetten getrennten Ortsteil Hallwangen erleben!

Die einzelnen Stationen quer durch den BarfußPark sind durch einen Rindenmulchbelag verbunden, so dass angenehmes Barfußgehen möglich ist. Dennoch wird mancher vielleicht so etwas wie Muskelkater spüren. Nur wenige sind es nämlich noch gewohnt, barfuß zu gehen, weil dabei der Fuß ganz anders abrollt. Besonders spannend wird der Gang durch den BarfußPark, wenn man sich einem der Trainer oder Trainerinnen anvertraut, die dem Gehirn bei einer der „Brain-Fit"-Erlebnis-Führungen ungewohnte Aufgaben stellen. Schon allein die Vornamen einzelner Teilnehmer rückwärts zu buchstabieren ist eine echte Herausforderung. Aber die Trainer kennen noch viele andere „Spiele", die allen Spaß machen und die die Koordination und Konzentration fördern. Die Führungen sind vor allem für Gruppen gedacht, nach telefonischer Voranmeldung können daran aber oft auch einzelne Familien teilnehmen.

Der Pfad ist nur im Sommerhalbjahr begehbar und am angenehmsten ist sicher eine Temperatur von 20 bis 25 Grad Celsius. Aber schon Lufttemperaturen ab 10 Grad Celsius aufwärts dürften durch die Bewegung keinerlei Probleme bereiten. Spaß und Spiel kommen auch außerhalb des Rundwegs nicht zu kurz. Spielwiese, Waldspielplatz oder Picknickplätze bieten auch „gehfaulen" Füßen oder im Anschluss an den Parcours noch Abwechslung.

Eine nette Idee, mit der man die Erinnerung an den schönen Ausflug, den Spaß, den man dabei hatte, verlängern kann, ist der Tipp, aus Käse- oder Quarkmürbteig mit Sesam, Mohn, Kümmel oder eben Käse zu Hause „Käsfüßle" zu backen. Die original „BarfußPark-Käsfüßle"-Backform kann man sich mit Rezepten als Souvenir in der Tourist-Information Dornstetten kaufen.

Und dabei kann man dann gleich zum Einkehren oder einfach nur zu einem kleinen Bummel durch **Dornstetten** mit seinen hübschen Fachwerkhäusern aufbrechen (wozu es auch einen Flyer „Historischer Altstadtrundgang" gibt). Reizvoll ist außerdem ein Besuch im **Puppen- und Spielzeugmuseum** „Haus Hegel" am Marktplatz, wo

Puppen, Puppenstuben, Kaufläden, Küchen, Blechspielzeug und Modelleisenbahnen aus dem 19. und aus der ersten Hälfte des 20. Jahrhunderts liebevoll gesammelt, bewahrt und ausgestellt werden.

Den BarfußPark kann man nicht nur einmal, sondern immer mal wieder besuchen, und so ist es vielleicht gut im Kopf zu behalten, dass man ihn ein anderes Mal mit dem **Historischen Bergwerk Hallwangen – Grube „Himmlisch Heer"** in Dornstetten-Hallwangen kombinieren kann.

Auf Kaulquappenjagd im BarfußPark

	Wie kommt man zum BarfußPark?
	(im räumlich vom Stadtkern entfernten Ortsteil Hallwangen)

ÖPNV/Bahn: per Bahn bis Freudenstadt, Verbindungen von dort bitte am Bahnhof erfragen
Telefon 0180 3000678

Pkw: A 81 bis Ausfahrt Horb (Nr. 30), dann Richtung Freudenstadt; Zufahrt ausgeschildert

Weglänge: Gesamtrunde: ca. 2,4 km
„Eingewöhnungsrunde": 1,4 km

Geöffnet: täglich   9.00 – 18.00 Uhr
nur im Sommerhalbjahr begehbar

Eintritt: frei, Parkgebühr

Führungen: Tourist-Information Dornstetten (s. u.)

Infos: www.barfusspark.de

Hinweise: Hunde dürfen nicht mitgeführt werden, der Parcours ist für Kinderwägen und Rollstühle nicht geeignet, Handtuch und Wechselkleidung nicht vergessen!

Puppen- und Spielzeugmuseum mit Zinnfigurenkabinett
Marktplatz 12, 72280 Dornstetten

Geöffnet: mittwochs und sonntags   14.00 – 17.00 Uhr
oder nach telefonischer Vereinbarung

Eintritt: frei

Infos: Tourist-Information Kulturamt
Marktplatz 1+2, 72280 Dornstetten
Telefon 07443 962030
www.dornstetten.de

Historisches Bergwerk Hallwangen – Grube „Himmlisch Heer"

Infos: s. Kap. 37

Kartentipp:
1 : 50 000   LV BW, Freizeitkarte 504, „Freudenstadt"

In Freudenstadt

Relativ neu ist der Titel Freudenstadts als „Portalgemeinde" für den Naturpark Schwarzwald Mitte/Nord. Schon immer aber war Freudenstadt der Dreh- und Angelpunkt bei der Anreise zu den meisten Ausflügen im Bereich des nördlichen und mittleren Schwarzwalds. Ehrensache, dass die Stadt jetzt erst recht vieles zu bieten hat. Gerade auch für Kinder.

Freudenstadt liegt 700 bis 1 000 Meter über dem Meeresspiegel und ist damit die höchstgelegene Stadt Baden-Württembergs. Zugleich ist sie Kreisstadt, heilklimatischer Kurort und Wintersportplatz. Bekannt ist ihre Stadtkirche, die über Eck gebaut ist, und ihr großer quadratischer Marktplatz, dessen Grundriss (hier lohnt einmal ein Blick auf den Stadtplan) einem Mühlebrett ähnelt. Seit er im unteren Teil mit 50 Fontänen neu gestaltet wurde, ist er in diesem Bereich immer von Kindern umlagert. Dass der Marktplatz so überdimensioniert ist, liegt daran, dass nach Plänen des Baumeisters Heinrich Schickhardt ursprünglich ein herzogliches Schloss in der Mitte dieses Platzes vorgesehen, aber nicht gebaut worden war.

Bis unmittelbar an die Stadt heran reicht der Freudenstädter Parkwald, der mit seinem rund 200 Kilometer großen Wegenetz einer der größten Landschaftsparks Deutschlands ist. Für Kinder am spannendsten ist darin der **Naturerlebnispfad**. Vieles gibt es dort zu

Der Marktplatz mit den Wasserfontänen

entdecken. Nach der Hälfte der Strecke gibt es eine Grillstelle und Spielgeräte. Mindestens drei Stunden Zeit sollte man einplanen, festes Schuhwerk tragen und sich ansonsten von der leuchtend gelben Markierung von Station zu Station führen lassen.

Erlebenswert sind in Freudenstadt auch das Besucherbergwerk „Historisches Silberbergwerk" und der Waldgeschichtspfad (beides s. Kap. 37 „Glück auf!"). Weil Freudenstadt als Kreisstadt ja für den Kreis zuständig ist, kann man als Familie auf der Tourist-Information auch viele ortsübergreifende hilfreiche Broschüren erhalten: Ein sehr umfangreiches Kinderprogramm listet Veranstaltungen bis Ende Oktober auf. Auch eine gute Sache für Familien ist der Flyer „Landerleben", der die zu bestimmten Terminen angebotenen, familiengerechten Veranstaltungen samt allen dazu notwendigen Informationen enthält.

Eine weitere gute Sache für Familien ist das neue „ErlebnisMuseum Experimenta". Auch hier lautet das Motto „Mitmachen! Ausprobieren!" Die Experimenta ist zum Anfassen gedacht. Jedes der Experimente kann man selbst ausprobieren. Wiederkommen lohnt, denn jedes Jahr soll Neues hinzukommen!

Hier ist Fingerspitzengefühl angesagt!

Wie kommt man nach Freudenstadt?

ÖPNV/Bahn:	gute Bahnanbindung
Pkw:	A 81 bis Ausfahrt Horb (Nr. 30)
	A 5 bis Ausfahrt Appenweier (Nr. 54), B 28
Infos:	Tourist-Information Marktplatz 64, 72250 Freudenstadt Telefon 07441 864-0 www.freudenstadt.de

Naturerlebnispfad Freudenstadt

Wie kommt man hin?

ÖPNV/Bahn:	ab Bahnhof per Bus zu den Haltestellen „Freudenstadt-Nord" (an der „Karneolbrücke") oder „Krankenhaus"
Pkw:	von Freudenstadt die L 405 („Wildbader Straße") zur B 294; Einstieg: Parkplatz „Heideweg" oder „Hüttenteich"
Weglänge:	2,2 km

Kurbähnle Freudenstadt

Rundfahrten mit Erklärungen starten vom Marktplatz an der Stadtkirche aus und dauern etwa 30 Minuten

Fahrzeiten:	Mai bis September	
	täglich	ab 10.00 Uhr
Infos:	Tourist-Information s. o.	

„ErlebnisMuseum Experimenta"
Musbacher Straße 5, 72250 Freudenstadt

Wie kommt man hin?

ÖPNV/Bahn:	Vom S-Bahnhof nur 5 Gehminuten entlang der „Ringstraße". Die Experimenta ist gegenüber der Kreissparkasse.
	Vom Hauptbahnhof 15 Gehminuten Richtung Marktplatz/Stuttgarter Straße.

Pkw:	Stadtmitte – Marktplatz; an der Kreissparkasse rechts in die „Musbacher Straße", Parkplätze direkt links hinter dem Gebäude
Geöffnet:	unterschiedliche, wechselnde Öffnungszeiten
Infos:	Gruppenanmeldung Telefon 07441 892923 (Kasse) www.experimenta-freudenstadt.de
Hinweis:	kein barrierefreier Zugang – Treppenstufen!

Tipp:

Ab 2008 wird der **Alternative Bärenpark** im Wolftal, dem **Tal der Tiere**, gebaut. Auf einer Fläche von 8 Hektar werden die Besucher zukünftig Bär, Wolf und Luchs in weitläufigen Freianlagen beobachten können. Das Bäreninfomobil wird ab dem Frühjahr 2008 vor Ort über den Baufortschritt informieren und für Schulklassen und Jugendgruppen Programme rund um das Tier anbieten.

Infos:	www.baer.de

Kartentipp:

1 : 50 000	LV BW, Freizeitkarte 504, „Freudenstadt"

So bärig schön ist's im Schwarzwald!

Der Sankenbach-Wasserfall bei Baiersbronn

Wer kann schon von sich sagen, dass er einmal einen Wasserfall in Gang gesetzt hat? Jeder, der diese Wanderung gemacht hat!

Der Weg führt geradeaus in den Wald hinein und nach gar nicht allzu langer Zeit ist man am Sankenbachsee angekommen. Vor ungefähr 10 000 Jahren als Karsee (s. Kap. 16 „Mummeln und Moor") entstanden, lief er vor etwa 3 000 Jahren fast vollständig aus, weil er die Endmoräne durchbrochen hatte. Erst 1980/81 wurde er wieder hergestellt. Heute hat der See (wieder) eine Staufläche von 2,4 Hektar und ist rund 7 Meter tief. Die See- und Feuchtwiesen drum herum bieten vielen Pflanzen und Tieren Lebensraum. Vor allem Erdkröten und Grasfrösche bevölkern dann den Zugang zum Wasser so, dass man bei jedem Schritt Acht geben muss, um keines der Tiere zu zertreten. An der Bergseite des Kessels finden sich eine Schutzhütte, Tische, Bänke und eine Feuerstelle zum Grillen. Am Rastplatz weist ein Schild den Weg zu den **Sankenbach-Wasserfällen.** Null-Komma-Acht Kilometer sind in Null-Komma-Nichts geschafft: Jeder will als Erster oben sein. Denn ob der Wasserfall imposant ist und als dicker Schwall weiß schäumendes Wasser den Hang herunterschießt oder nur ein schwaches, trauriges Rinnsal, hängt davon ab, ob der Schieber am Staubecken oberhalb des Wasserfalls offen oder geschlossen ist. Diesen Schieber kann und darf man selbst bedienen! Und gerade das ist es ja, was den Ausflug hierher zu etwas Besonderem macht.

Auf der anderen Talseite geht es dann zurück zum Ausgangspunkt. Verirren kann man sich nicht. Am Spielplatz beim Wildgehege gibt es weitere Feuerstellen.

Wer in Baiersbronn noch einkehrt, hat die Chance, dem „Murgel", dem freundlichen Baiersbronner Logo, einem ulkigen Männchen, zu begegnen. Auch ein Besuch in **„Hauffs Märchenmuseum"** in Baiersbronn-Oberdorf bietet sich an. Denn wer im Schwarzwald unterwegs ist, hat bestimmt schon von dem Märchen „Das kalte Herz" gehört (s. Kap. 2 „Folgt dem Diener Ambrosius!"). Auch durch die liebenswerten Figuren der Augsburger Puppenkiste ist das Märchen vielen bekannt. Im Museum gibt es eine Videostation für Kinder, wo sie es sich (noch einmal) ansehen können.

Wie kommt man nach Baiersbronn zum Sankenbach-Wasserfall?

ÖPNV/Bahn: Baiersbronn ist Bahnstation, ein paar Mal im Jahr ist es sogar im Dampfzug erreichbar.

ℹ️

Termine und Infos erhält man bei den Eisenbahnfreunden e. V. (s. Infos zu Kap. 38 „Unter Dampf und per ÖPNV"). Da Baiersbronn aber eine sehr große Gemeinde mit vielen Teilorten ist, ist die Bahnanreise eigentlich nur für den Ausflug zum „Sankenbach-Wasserfall" und dem neuesten Erlebnisweg, dem „Holzweg" (s. Kap. 28 „Auf dem Holzweg?") sinnvoll. Wer mag oder wer mit öffentlichen Verkehrmitteln anreist, beginnt von Baiersbronn-Unterdorf aus mit der Wanderung und folgt talaufwärts dem Sankenbach, um nach ca. 2 km zum Wanderparkplatz zu gelangen.

Pkw: A 5 bis Ausfahrt Appenweier (Nr. 54) über die B 28 bis Freudenstadt

A 81 bis Ausfahrt Horb (Nr. 30), über Freudenstadt auf der B 462 Richtung Gernsbach bis Baiersbronn-Unterdorf; den Wanderparkplatz erreicht man durch die „Forbachstraße" und „Sankenbachstraße", vorbei an der Talstation des Stöckerkopf-Sessellifts, in unmittelbarer Nachbarschaft zum Rotwildgehege und Spielplatz

Weglänge: zu Fuß von Baiersbronn-Unterdorf: ca. 9,5 km vom Wanderparkplatz aus: 5,3 km (mit *R 16* und *roter Raute* bezeichnet)

Hauffs Märchenmuseum
Alte Reichenbacher Straße 1, 72270 Baiersbronn-Oberdorf (neben der Kirche)

Geöffnet: mittwochs, samstags und sonntags   14.00 – 17.00 Uhr und nach Vereinbarung

Infos: Tourist-Information Baiersbronn (s. Kap. 28 „Auf dem Holzweg")

Blick auf Baiersbronn

Kartentipps:

1 : 25 000	Baiersbronner Touristik, Örtliche Wanderkarte „Baiersbronn"
1 : 35 000	LV BW, Wanderkarte „Oberes Nagoldtal"

28 Auf dem „Holzweg"?

Ein neuer Erlebnispfad in Baiersbronn

Baiersbronn ist die größte und waldreichste Feriengemeinde Baden-Württembergs. Sie ist auch die gastronomische Hochburg des Landes; berühmte Köche verteidigen hier immer wieder ihren Ruf, bester Koch Deutschlands zu sein. Baiersbronn gehört zu den kinderfreundlichen Gemeinden und bietet unzählige Angebote für Familien, sowohl gastronomisch gesehen wie auch hinsichtlich Veranstaltungen und Einrichtungen, für Feriengäste ebenso wie für Tagesbesucher. Besonders ideenreich ist man in Baiersbronn in Bezug auf **Erlebnispfade**. Mittlerweile sind es acht. Der erste nennt sich „Flößer, Köhler, Waldgeister", der zweite „Im Tal der Hämmer", der dritte „Dorf der Quellen und Parzellen", der vierte „Von Mönchen und Lehensbauern", der fünfte „Wilder Wald im Wandel", der sechste „Steine erzählen Geschichte" und der siebte „Bauern, Waldleute – einst und heute. Leben in einem kleinen Schwarzwalddorf". Der neueste und achte nun ist „Auf dem Holzweg". Zu allen Pfaden gibt es bei der Tourist-Information Broschüren, die einem alles Wichtige, auch über Einstieg, Startpunkte und Verlauf schon vorab in die Hand geben. Da Baiersbronn eine sehr große Gemeinde mit vielen Teilorten ist, muss man sich vor allem über den Ausgangspunkt der jeweiligen Wanderung vorab eingehend informieren.

Der „Holzweg" ist von Baiersbronn aus der Ortsmitte bzw. der Tourist-Information zu erreichen, so dass man auch mit öffentlichen Verkehrsmitteln anreisen kann. Wer im Pkw anreist, kann sich den Anstieg bis zum Start/Ziel am Heuberghof ersparen.

Die Redewendung „Da bist du auf dem Holzweg!" steht für eine falsche Meinung über eine Sache. Begibt man sich in Baiersbronn auf den **„Holzweg"** macht man nichts falsch. Ganz im Gegenteil. Schöner und erlebnisreicher können Familien kaum unterwegs sein. Anfassen, ausprobieren, experimentieren scheint das Motto der 16 Stationen rund ums Thema „Wald und Holz" zu sein: Ein überdimensionales Klangspiel zeigt, dass Musik im Holz steckt, ein Bohlenweg führt über Moose, eine Baumtreppe mit zwei Stämmen macht erlebbar, wie hoch ein Baum ist. Unterwegs lädt ein Walderlebnisspielplatz mit einem kleinen Barfußpfad und einer großen Spielwiese zur Rast, am Ende wartet ein Spielplatz mit Klettertürmen und Rutsche. Der Pfad selbst weist keine großen Steigungen auf, ist bedingt auch kinderwagengeeignet.

Ein lustiger Geselle begrüßt uns auf dem Holzpfad

Wie kommt man zum Erlebnispfad „Auf dem Holzweg"?

ÖPNV/Bahn:	Bahnhof Baiersbronn

Ausgehend von der Baiersbronn-Touristik am „Rosenplatz" geht es nach rechts zur „Wilhelm-Münster-Straße", dann links zum „Bildstöckleweg"; ihn geht man nach rechts und gleich wieder links in den „Winterseitenweg". In einer scharfen Kehre nach rechts verlässt man den „Winterseitenweg" nach links, biegt bei der ersten Möglichkeit nach rechts ab und folgt für den Rest des Wegs zum Startpunkt der Beschilderung „Holzweg".

Pkw: A 81 bis Ausfahrt Horb (Nr. 30), von Freudenstadt die B 462 Richtung Gernsbach bis Baiersbronn

A 5 bis Ausfahrt Appenweier (Nr. 54) über die B 28 über Freudenstadt nach Baiersbronn

Die Anfahrt zum Start/Ziel erfolgt wie oben beschrieben; am Einstiegspunkt sind 15 Parkplätze vorhanden.
Achtung: Zum namensgebenden Hauptort „Baiersbronn" gehören etliche, teils auch weiter entfernt liegende Teilorte. Das ist nicht nur wichtig zu wissen, sondern vor allem bei der Suche nach dem richtigen Einstieg zu einem der anderen Erlebnispfade zu beachten.

Weglänge: (reine Weglänge) Holzpfad 2,5 km (Zugang ab/bis Ortsmitte zusätzlich)

Infos: Baiersbronn-Touristik
Rosenplatz 3, 72270 Baiersbronn
Telefon 07442 8414-0, www.baiersbronn.de

Kartentipp:
1 : 25 000   Baiersbronner Touristik, Örtliche Wanderkarte „Baiersbronn"

Hier wird der Tastsinn gebraucht!

29 Ja, so warn's, die alten Rittersleut'

In und um Pfalzgrafenweiler

In und um Pfalzgrafenweiler spielen und Spaß haben, das steht rund um die noch immer sehr eindrucksvolle Burgruine Mandelberg auf dem Programm. Spaß haben kann man hier prima, am Spielplatz bei der Ruine Mandelberg, auf einem Spaziergang zur Nördlinger Hütte (Ruine Vörbach) und beim Spiel am Wasser, rund ums Wehr am Bösinger Wasserhäusle.

Ausgangspunkt dafür ist der Spielplatz „Ruine Mandelberg" in Pfalzgrafenweiler-Bösingen. Die Ruine der **Burg Mandelberg** ist vom Spielplatz aus auf einem eben in den Wald führenden Weg in nur wenigen Gehminuten zu erreichen. Wer die Rittersleute waren, die die ursprünglich vier Burgen, darunter die Burg Mandelberg, rund um Pfalzgrafenweiler bewohnten und wann sie diese bauten? Alles das weiß man, aber warum und zu welchem Zweck hier an der Westseite des Waldachtales beim Ort Pfalzgrafenweiler auf engstem Raum gleich vier Burgen etwa zeitgleich errichtet wurden, dafür gibt

Wirklich nur für Schwindelfreie: Ruine Mandelberg

es bis heute keine hinreichende Erklärung. Jedenfalls gilt die Ruine Mandelberg als eines der stattlichsten Kulturdenkmäler des Kreises Freudenstadt. Ihr Bergfried ist über eine schier endlose Wendeltreppe mit 170 Stufen (wer zählt nach?) als Aussichtsturm zugänglich gemacht. Sie wurde um 1250 erbaut und im Jahre 1525 zerstört. Im Zusammenhang mit Grabungen konnte man feststellen, dass es sich um eine Burg des „niederen Adels", also von einfachen Rittern gehandelt hat, deren Leben eher beschwerlich als luxuriös war.

Mit dem steilen Abstieg ins Waldachtal (auf dem *ehemaligen Rundweg 4*) beginnt die kleine Wanderung. Unten wendet man sich nach rechts und folgt dem Bach flussabwärts. Der Weg führt immer wieder knapp ans flache Wasser und vorbei am „*Silberbrünnele*", einer unter Wurzeln breit aus dem Berg strömenden Quelle, deren Wasser gleich darauf in der Waldach verschwindet. In einer Talweitung erreicht man wenig später die „*Schlossquelle*". An ihr rechts vorbei, über einen Schotterweg hinweg, steigt man in Serpentinen durch den Wald hinauf zur *Nördlinger Hütte*, der **ehemaligen Burg Vörbach**, auf. Sie wurde im 12./13. Jahrhundert erbaut und im 17. Jahrhundert weitgehend zerstört. Nach dem großen Brand von Pfalzgrafenweiler 1798 wurden Steine der Burg zum Wiederaufbau des Ortes verwendet. Auf einem Stumpf des Eckturmes der Ringmauer errichtete der Schwarzwaldverein die leider nicht bewirtschaftete „Nördlinger Hütte". Anschließend geht es zurück bis zur „Schlossquelle" und weiter am Bachlauf entlang bis zur Kreuzung mit einem geschotterten Weg. Hier geht es rechts bis zum **„Bösinger Wasserhäusle"**. Die 1893 erbaute Pumpstation mit Stauwehr und Wasserrad war bis 1991 in Betrieb. Quellwasser wurde durch sie in höher gelegene Ortschaften gepumpt und über Rohre direkt in die angeschlossenen Häuser geleitet. Heute ist das „Wasserhäusle" Industriedenkmal und ein auch von Kindern gerne angenommenes Wanderziel. Wenige Meter bachaufwärts ist ein kleines Wehr mit einer wasserumtosten Insel – ein prima Platz für mutige Kinder. Das Gefälle und die Strömung machen diesen Platz zwar spannend, aber auch nicht ungefährlich. Erwachsene sollten dabei sein! Die Ruine Mandelberg ist von hier aus schon zu sehen, der Rückweg dorthin ausgeschildert.

Und die beiden anderen Burgen? Die **ehemalige Burg Pfalzgrafenweiler** ist heute kaum mehr als ein Hügel auf einer Viehweide. Man findet ihn in Pfalzgrafenweiler an der Straße nach Durrweiler, zwischen der „Turn- und Festhalle" und dem „DRK-Mutter-Kind-Heim". Pfalzgraf Hugo II. von Tübingen hatte die Burg Mitte des zwölften Jahrhunderts zur Sicherung seiner Gebiete im „Weiler Wald" errichten lassen. Von der Zugehörigkeit des Ortes zu den Tübinger Pfalzgrafen leitete sich dann auch der Name ab: „Pfalzgrafenweiler". Die Zeiten müssen damals wirklich unsicher gewesen sein, denn schon 1165 wurde die Burg zum ersten Mal zerstört. Danach wurde sie wieder aufgebaut, aber im 16. Jahrhundert endgültig aufgegeben.

Um zur **Ruine Rüdenberg** zu kommen, muss man über Pfalzgrafenweiler nach Unterwaldach fahren. Wenige hundert Meter nach Unterwaldach geht von der Straße nach Oberwaldach rechts ein Wanderweg hoch zur Ruine, die unweit der Straße auf einem Bergsporn liegt. Rückenberg ist die kleinste der drei noch erhaltenen Burgruinen. Sie wurde um 1220/1250 erbaut und im 16. Jahrhundert zerstört. Nur einige Mauerreste sind noch übrig.

Pfalzgrafenweiler war lange Poststation. Hier, etwa auf halber Strecke zwischen Stuttgart und Straßburg, wurden die Pferde gewechselt. Aus dieser Zeit stammt die Vielzahl der Gasthäuser, in denen man auch heute noch gut einkehren kann.

Sei es als Schulklasse oder anlässlich eines Kindergeburtstags: In **Pfalzgrafenweiler-Edelweiler** kann man das „Kuh-le Bauernhofdiplom" erwerben: Kinder streicheln und füttern dafür die (echten) Tiere, melken die (Papp-)Kuh und machen selbst ihre Butter...

Wer mag, macht auch noch einen Stopp beim Parkplatz „Schwende", an der B 28 in Richtung Altensteig: Der Hobbykünstler Günter Dranfeld hat hier auf einem vom Sturm „Lothar" (s. Kap. 19) verwüsteten Waldgebiet 28 doppelsinnige **Holzköpfe** geschaffen.

Urlaub auf dem Bauernhof – einfach toll!

Wie kommt man nach Pfalzgrafenweiler?

Pkw: A 5 bis Ausfahrt Appenweier (Nr. 54) über Freudenstadt bis Pfalzgrafenweiler

<table>
<tr><td></td><td>A 81 bis Ausfahrt Herrenberg (Nr. 28), B 28 durch Nagold, Altensteig, Richtung Freudenstadt, ab Abzweigung Bösingen ausgeschildert</td></tr>
</table>

A 81 bis Ausfahrt Herrenberg (Nr. 28), B 28 durch Nagold, Altensteig, Richtung Freudenstadt, ab Abzweigung Bösingen ausgeschildert

Weglänge: ca. 5,5 km

Infos: Gäste-Information
Marktplatz, 72285 Pfalzgrafenweiler
Telefon 07445 859001
www.pfalzgrafenweiler.de

Anzeige

Das „Kuh-le Bauernhofdiplom"
eine Veranstaltung des Projekts „Landerleben im Schwarzwald"

Wie kommt man hin?

ÖPNV/Bahn: ab Herrenberg, Freudenstadt oder Horb mit dem Bus; die Ruinen sind mit dem ÖPNV nicht erreichbar

Pkw: Edelweiler ist ein außerhalb gelegener Ortsteil Pfalzgrafenweilers

Infos: Ferienhof Hirschfeld, Teichweg 2,
72285 Pfalzgrafenweiler-Edelweiler
Telefon 07445 2475

Hier dürfen Familien jeden Samstag von 14.00 bis 17.00 Uhr in den Stall und die Tiere füttern.

Kartentipp:
1 : 30 000   LV BW, Wanderkarte „Enz, Nagold, Teinach"

30 Höcker, Himmel und Hölle

Zum Kamelhof Rotfelden und nach Altensteig

Hat das Kamel nun einen Höcker oder zwei? Das herauszubekommen sollte nicht der einzige Grund für einen Besuch auf dem Kamelhof in Rotfelden sein. Zusammen mit einem Aufenthalt in Altensteig ist das Programm für einen vollen Tag.

„Kamel" ist eigentlich nur ein Überbegriff. Man unterscheidet das Trampeltier, das seine Heimat in Asien hat, und das Dromedar, das in Afrika und Indien zu Hause ist. Von Europa, und erst gar vom Schwarzwald, ist da nirgends die Rede. Und doch ist es ganz und gar keine Fata Morgana, wenn man sie hier in **Rotfelden** (nahe Altensteig) unversehens vor ihren im orientalischen Stil gehaltenen Ställen auf der Koppel sieht. Im Kamelhof können Kinder, anders als in Zoos, einmal ganz nah an diese wunderschönen Tiere herankommen, die verschmust und immer für Streicheleinheiten zu haben sind. Sie können bei der Pflege und bei der Dressur zusehen und sie können auf ihnen reiten. In den Ferien wird sogar täglich Kamelreiten für Kinder angeboten. Wissen über diese Tiere und ihre Bedürfnisse zu vermitteln, ist ein wesentliches Ziel des Hofs.

Warum nur ist „Du Kamel" ein Schimpfwort?

Für Kinder und Eltern gleichermaßen interessant ist das Angebot, hier auch außergewöhnliche Kindergeburtstage zu feiern. Kinder können dann noch intensiveren Kontakt mit den Kamelen haben, sie streicheln, knuddeln und bürsten. Auch Reiten kann vereinbart werden. Kleinere Kinder haben Spaß beim Klettern auf der Strohburg, größere interessiert vielleicht schon die Audiovisionsshow. Selbstverpflegung an einer Grillstelle ist kostenlos möglich. Für angemeldete Kindergeburtstage gilt ein ermäßigter Eintrittspreis.

Wer mehr über den Kamelhof und die Kamele erfahren will, schaut am besten in die Homepage (s. u.), wo u. a. ein Busfahrplan enthalten ist für Familien, die mit öffentlichen Verkehrsmitteln anreisen.

In **Altensteig** soll die zweite Frage beantwortet werden. Himmel oder Hölle? Was hat es denn wohl damit auf sich? Altensteig, das namentlich um 1100 zum ersten Mal erwähnt wurde, war Vogtei (also Sitz eines Richters) und deshalb gab es auch immer wieder Gefangene. Untergebracht wurden die im Wehrturm des Schlosses. Je nach der Schwere ihres Verbrechens allerdings recht unterschiedlich: In der „Hölle", das war ein dunkles, tief in den Boden eingelassenes Verlies, oder im „Himmel", nämlich ganz oben im Turm, wo die Zellen trocken waren und sogar beheizt werden konnten.

Das ist jedoch nur ein Aspekt im Schloss, das ein sehenswertes Heimatmuseum beherbergt. Was es in Altensteig sonst noch zu sehen gibt, das erschließt der Rundweg „Alte Meile", zu dem es auch ein Faltblatt gibt. Den schönsten Blick auf die hübsche Altstadt gibt's vom Aussichtspunkt am gegenüberliegenden Hügel. Wer an einem heißen Sommertag hier ist, findet ganz in der Nähe auch noch einen hübschen kleinen Badesee (s. Kap. 39 „Nichts wie rein!").

Wie kommt man zum Kamelhof Rotfelden?

ÖPNV/Bahn:	unter der Woche gibt es mehrmals täglich **direkte** Busverbindungen zwischen Nagold (Busbahnhof) bzw. Wildberg (Bahnhof) und dem Kamelhof; einen Fahrplan findet man auf der Homepage des Kamelhofs
Pkw:	A 81, Ausfahrt Herrenberg (Nr. 28), B 28 Richtung Nagold, B 463 Richtung Wildberg bis Rotfelden
Geöffnet:	während der Schulferien in Baden-Württemberg täglich 13.00 – 17.00 Uhr
	in der übrigen Zeit mittwochs bis sonntags und feiertags 13.00 – 17.00 Uhr
	Für Gruppen auch außerhalb der normalen Öffnungszeiten nach Vereinbarung. Der Aufenthalt auf dem Kamelhof ist bis 18.30 Uhr möglich.
Kindergeburtstag:	kein besonderes Programm, Anmeldung wenigstens eine Woche im Voraus; alle Infos sowie das Anmeldeformular enthält die Homepage (s. u.)
Infos:	Kamelweg 1, 72224 Ebhausen-Rotfelden Telefon 07054 8125 www.kamelhof.de

Wie kommt man nach Altensteig?

Pkw:	s. o., weiter auf der B 28, beschildert

ℹ️

Schloss Altensteig

| Geöffnet: | mittwochs | 14.00 – 16.00 Uhr |
| | sonntags | 14.00 – 17.00 Uhr |

während der Weihnachts- und
Osterausstellung:

| | mittwochs und samstags | 14.00 – 17.00 Uhr |
| | sonn- und feiertags | 11.00 – 17.00 Uhr |

| **Eintritt:** | Kinder und Schüler | frei |

Infos: Telefon 07453 1360

Touristinfo Altensteig
Telefon 07453 9461-0 und -147
www.altensteig.de

Tipp: Besonders empfohlen sei ein Besuch der Weihnachts- und Ostermärkte im Schloss; Termine sind über die Touristinfo erhältlich.

Kartentipp:
1 : 50 000   LV BW, Freizeitkarte 502, „Pforzheim"

Der Erlebnispfad Seewald-Besenfeld

Wer will Felix, den Fuchs und alle seine Freunde kennenlernen? Wer kann all die Scherzfragen beantworten, bei denen man meist „um die Ecke" denken muss? Etwas über den Wald und seine Tiere erfahren, viele Ideen zum Spielen und Basteln bekommen? Und anschließend noch baden gehen?

„Felix" weist uns den Weg

Der Luftkur- und Erholungsort **Seewald** besteht aus elf (!) Teilorten. Bis auf einen liegen sie alle inmitten von Waldinseln auf der ebenen Hochfläche der Schwarzwaldrandplatten. Die einzige Ausnahme ist der Ortsteil Erzgrube an der **Nagoldtalsperre „Erzgrube"**, dem größten Stausee Baden-Württembergs (s. Kap. 39 „Nichts wie rein!"). Hierher kann man nach der Tour zum Baden gehen.

Den **Natur-Erlebnispfad** mit „Felix, dem Seewaldfuchs" findet man von Freudenstadt her kommend am Ortseingang von (Seewald-) Besenfeld (Standort: „Schöngründes Steige" Infotafel Nr. 1). Und er ist kein Lehrpfad wie manch anderer. Nicht, weil er mit Blick auf die große Rodungsinsel knapp hinter dem Waldrand verläuft und somit auch an heißen Sommertagen gut begehbar ist, und nicht, weil er eigentlich ganz gut für Kinderwagen geeignet ist. Er macht Spaß, weil er anders ist. „Er gehört mir und andere brauchen ihn mehr als ich. Wer ist das?" „Welche Meise hat sechs Beine?" 44 derartige Scherzfragen sind auf dem 8 Kilometer langen Rundweg verteilt und sorgen für Spaß und Gesprächsstoff. 17 Tafeln informieren zudem über Tiere und Pflanzen. Noch mehr Spaß macht der Rundweg, wenn man sich vorher die für Kinder gedachte, umfang- und ideenreiche Sammelmappe (Schutzgebühr) geholt hat. Sie erzählt von Felix und seinen „Freunden", wie sie leben und was sie fressen, enthält aber auch Gedichte, Rätsel, Spielideen, Bastelanleitungen und Geschichten. Gruppen, die unter der Woche kommen, können gegen Kaution einen „Erlebnisrucksack" ausleihen, der alles enthält, was man braucht, um Anregungen aus der Sammelmappe gleich auszuprobieren.

Wie kommt man nach (Seewald-)Besenfeld?

ÖPNV/Bahn:	bis Freudenstadt, dann Buslinie zwischen Freudenstadt und Pforzheim
Pkw:	A 81, Ausfahrt Herrenberg (Nr. 28), über Nagold und Altensteig weiter über Simmersfeld auf der B 294 bis Besenfeld
	A 8, Ausfahrt Pforzheim-West (Nr. 43) über die B 294 Richtung Freudenstadt
	Der Pfad entspricht dem „Rundweg Nr. 1"; Beginn am Parkplatz am Ortsende, Richtung Freudenstadt.
Weglänge:	8 km

Infos:	Seewald-Touristik Wildbader Straße 1, 72297 Seewald Telefon 07447 946011 www.seewald-schwarzwald.de
Hinweise:	Infomappen können bei der Seewald-Touristik sowie in den Hotels und Gaststätten gekauft werden.
	Der Erlebnisrucksack kann im Rathaus (Seewald-Touristik) ausgeliehen werden: wochentags 9.00 bis 10.00 Uhr und 15.00 bis 17.00 Uhr.

Kartentipp:
1 : 50 000   LV BW, Freizeitkarte 504, „Freudenstadt"

In Enzklösterle

Enzklösterle hat für jedes Alter und jeden Geschmack etwas zu bieten: Spaß und „Action" im Adventure-Golfpark und auf der Riesenrutsche, „Natur pur" beim Entdecken des Urwalderlebnisses Bärlochkar. Altes Waldgewerbe kann man im Rohnbachtal kennenlernen und in der KRIPPENA 2000, die größte handgeschnitzte Weihnachtskrippe der Welt bestaunen. Familien können sich hier ihren ganz speziellen Ausflugstag zusammenbasteln.

Das „Klösterle an der Enz", ein kleines Frauenkloster des Benediktinerordens, von dem Enzklösterle seinen Namen hat, gibt es längst nicht mehr. Zusammen mit den lang gezogenen Ortsteilen Poppeltal, Gompelscheuer und Nonnenmiß ist Enzklösterle heute Kur- und Urlaubsort mit vielen Freizeiteinrichtungen. Ein bei Familien beliebtes Ziel ist der *Adventure-Golfpark*, ein ganz besonderes Minigolf-Erlebnis. Gespielt wird auf Bahnen, die aus typischen Materialien des Schwarzwalds gebaut wurden und der Landschaft nachempfunden sind. Eine heißt zum Beispiel „Poppeltal". Hier muss der Ball einem nachgeahmten Talverlauf folgen, im „Enzwald" dagegen muss sich der Ball seinen Weg um Baumstämme herum ins Loch suchen.

Bekannt und beliebt ist die **„Riesenrutsche"** im Ortsteil Poppeltal, die längste, ungebremste Sommerrodelbahn Deutschlands. Rund um sie herum ist zudem ein „Kinder-Mini-Freizeitpark" entstanden. Allerdings müssen hier alle „Attraktionen" einzeln bezahlt werden. Versorgen kann man sich entweder selbst an der Grillstelle oder man kehrt in die „Poppelmühle" ein, die Erlebnis- und Freizeitgasthof, aber auch Museum ist.

Ein bisschen Wandern sollte aber auch auf diesem Ausflug in den Schwarzwald nicht fehlen. **Urwalderlebnis Bärlochkar** nennt sich ein ausgewiesener Rundweg durch den Bannwald. Auf teilweise schmalen und mit Moos überwachsenen Wegen wird anschaulich gezeigt, dass „Wald" nicht nur eine zufällige Ansammlung von Bäumen ist. Das Bärlochkar ist als Bannwald ausgewiesen, denn es soll sich zum „Urwald von Morgen" entwickeln. Wie das Leben im Bannwald aussieht, wird an sieben Stationen des Rundwegs anschaulich gezeigt. Auch einen Flyer gibt es dazu. Für Gruppen ließe sich zudem eine Führung durch die Forellenzuchtanlage mit anschließendem Forellenschmaus organisieren (s. Infoteil).

Auch ein Besuch im Rohnbachtal lohnt, wo u. a. eine alte „Erdriese" angeschaut werden kann. Die einzig mögliche Art, Holz ins Tal zu transportieren, war die Rutschpartie in der „Riese". Die „Riese" war eine Art Rutschbahn, aber eine bis zu drei Kilometer lange. Damit die Stämme besser rutschen konnten, war sie innen mit halbrunden Hölzern ausgelegt und mit besonderen Verstärkungen in den Kurven, denn schließlich erreichten die entästeten und entrindeten Baumstämme Geschwindigkeiten von bis zu 100 Stundenkilometern.

Am Wanderparkplatz Rohnbachtal gibt es einen zwischen Waldrand und Bach gelegenen Kinderspielplatz mit Schaukeln, Rutschbahn und Sandplatz.

Was man mit Holz in kreativer Hinsicht alles machen kann, das zeigt die Schnitzerstube KRIPPENA 2000, wo die ganze Arche Noah, vor allem aber die größte handgeschnitzte Weihnachtskrippe der Welt ganzjährig zu sehen ist.

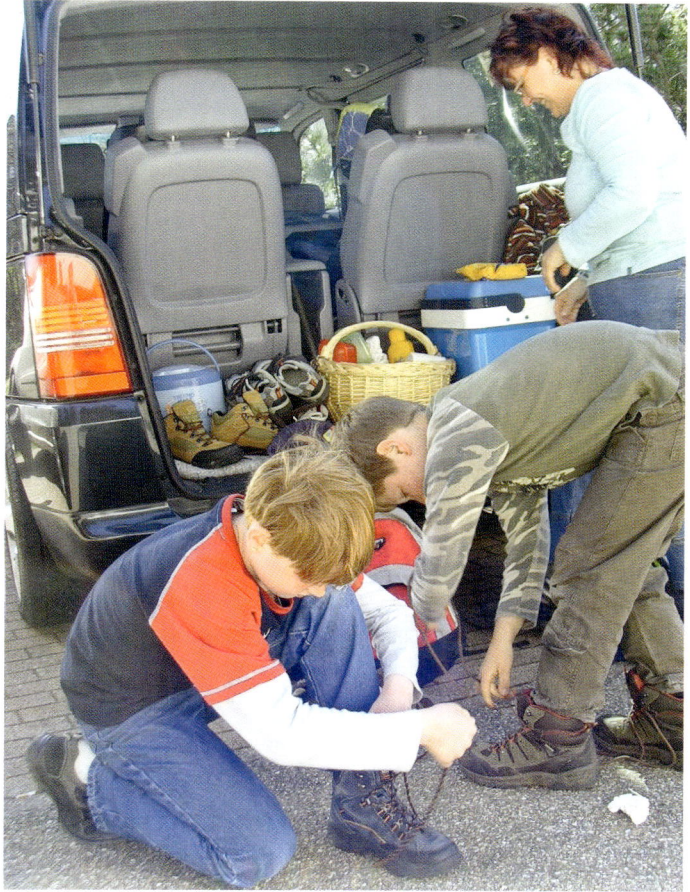

Gute Schuhe gehören zum Wandern ...

Wie kommt man nach Enzklösterle?

ÖPNV/Bahn: Buslinie ab Bad Wildbad oder Freudenstadt

Pkw: A 8 bis Ausfahrt Pforzheim-West (Nr. 43), B 294 bis Calmbach, dort rechts nach Wildbad, weiter bis Enzklösterle

Adventure-Golfpark

Geöffnet: April bis Anfang Oktober
dienstags bis sonntags
und feiertags   10.00 – 18.00 Uhr
Mai bis September   10.00 – 20.00 Uhr
montags Ruhetag, außer während der Schulferien in Baden-Württemberg; bei schlechtem Wetter bleibt der Platz unabhängig davon immer geschlossen

Infos: Telefon 07085 920349
www.adventure-golfpark.de

Kurverwaltung Enzklösterle, s. u.

Riesenrutsche in Enzklösterle-Poppeltal

Wie kommt man hin?

Pkw: A 8, Ausfahrt Pforzheim-West (Nr.43), B 294
                 bis Enzklösterle-Poppeltal

Geöffnet: Anfang März bis Ende Oktober (bei tro-
                 ckenem Wetter) täglich   10.00 – 20.00 Uhr
                 Kinder unter 8 Jahren nur in Begleitung Er-
                 wachsener

Infos: Telefon 07085 7812
                 www.riesenrutschbahn.de

... wie ein gut gefüllter Rucksack!

Urwalderlebnis Bärlochkar

Wie kommt man hin?

Der Ausgangs- und Endpunkt des Rundwegs oberhalb der Forellenzuchtanlage „Petersmühle" ist leicht zu finden, folgt man den Schildern mit der *gelben Bärentatze* ab Bushaltestelle *„Mittelenztal"*, (zur Buslinie aus Bad Wildbad oder Freudenstadt) am Ortsanfang Enzklösterle aus Richtung Freudenstadt. Am Waldrand sind ausreichend Parkplätze. Der Weg ist nicht kinderwagengeeignet.

Weglänge:	3 km
Geöffnet:	frei zugänglich
Infos:	Infos und Faltblatt erhält man beim Verkehrsamt Enzklösterle (s. u.)
Tipp:	für Gruppen kann eine Führung durch die Forellenzuchtanlage mit anschließendem Forellenschmaus organisiert werden Telefon 07085 7431

Rohnbachtal

Wie kommt man hin?

Von Gompelscheuer her erreicht man das Rohnbachtal, wenn man nach der Forellenzuchtanlage und dem Ortsschild „Enzklösterle", einem (allerdings unauffälligen) Wegweiser nach links ins „Rohnbachtal" folgt. An einem Familien-Freizeitheim vorbei geht es zum Wanderparkplatz.

Weglänge:	ca. 7,5 km
Infos:	Kurverwaltung Enzklösterle Friedenstraße 16, 75337 Enzklösterle Telefon 07085 7516 www.enzkloesterle.de

Schnitzerstube KRIPPENA 2000
Theo Gütermann, Hirschtalstraße 30
75337 Enzklösterle/Schwarzwald, Inhaberin: Natalie Wagner

Geöffnet:	wochentags	9.30 – 17.30 Uhr
	samstags und sonntags	9.30 – 16.00 Uhr
Eintritt:	Schüler in Begleitung Erwachsener	frei
Infos:	Telefon 07085 7455	
	www.krippena2000.de	

Tipps:
Familien, die ihren Spaß vor allem an der Riesenrutschbahn hatten, können auf einem anderen Ausflug die **Bobbahn Mehliskopf** (an der Schwarzwaldhochstraße, in der Nähe von Sand, s. Kap. 12) einplanen.

Familien, die am Adventure-Golf ihren Spaß hatten, sei verraten, dass ein weiterer **„Adventure Mini.Golf.Park"** in Oberharmersbach eröffnet hat (Infos s. Kap. 20)

Kartentipp:
1 : 50 000   LV BW, Freizeitkarte 502, „Pforzheim"

33 Rettet die Trolle!

Wandern am Wildsee- und Hohlohmoor bei Kaltenbronn

„Nur für Kids" sagt die Tafel am Parkplatz des Wildseemoors. Anders gesagt, nur für Eltern in Begleitung ihrer Kinder. Auf einem im Zickzack parallel zum Hauptweg verlaufenden neuen Erlebnispfad gilt es, die Trolle zu befreien. Zu Beginn wird erklärt, was man dafür tun muss: wachsam nach allen Seiten sein, verschiedene Aufgaben erst einmal finden und dann lösen. Fünf Worte können den Bann der Trolle lösen und diese fünf Worte gilt es, herauszubekommen. Das ist nicht nur für Kinder ein Riesenspaß, es bringt nun auch viele Familien auf diese Seite der Kaltenbronner Moore, wo bislang eigentlich nur erwachsene Wanderer unterwegs waren.

Ob sich hier ein Troll versteckt?

Sind die Trolle befreit, führt der Weg auf dem neuen *Naturlehrpfad* (der in den kommenden Jahren noch verändert und ausgebaut werden soll) weiter zum **Wildseemoor** und auf einem *Bohlenweg* mitten hindurch. Am Ende des Bohlenwegs geht man links, gelangt auf den „*Oberen Hornweg*", einen sehr schönen Höhenweg durch Bannwald, teils mit weiter Aussicht. Vorbei an der unbewirtschafteten „*Helena-Hütte*" führt die *rote Raute* zum Wildgehege und zurück an den Ausgangspunkt.

Nach wie vor ist jedoch auch das kleinere Hohlohmoor für Familien mit Kindern eine schöne Sache. Die Wanderung um das **Hohlohmoor** ist als *Rundweg 4* mit 3,4 Kilometern Länge ausgewiesen und somit auch für kleinere Kinder gut zu bewältigen. Trotzdem enthält diese Tour mit Moor und Aussichtsturm auch ohne Kindererlebnisweg vieles, was sehenswert und interessant ist.

Hohloh- und Wildseemoor bilden zusammen das größte zusammenhängende Hochmoorgebiet des Schwarzwalds. Hohloh, wie auch Wildsee, sind sogenannte „Kolke". Was ist ein „Kolk"? Wann und warum ist er entstanden? Das „Wann" zuerst: Wahrscheinlich am Ende der letzten Eiszeit, also vor rund 10 000 Jahren, fing dieser extrem langsame Prozess der Moorbildung an. Damals siedelten sich Bleichmoossporen auf dem wasserundurchlässigen Buntsandstein an, der hier den Untergrund bildet. Die hohen Niederschläge förderten das Wachstum der Sporen. Das war in der Mitte, wo die Verdunstung am geringsten ist, am größten. Da die vom Moos ausgeschiedenen Humussäuren die Fäulnis abgestorbener Teile verhinderten, wurde hier die Bodenschicht aus abgestorbenen Pflanzen zu Torf und erhöhte sich. Der Torf saugte so lange vermehrt Wasser, auch Regenwasser, auf, bis sogar die Moose ertranken und absackten. Die sich nun bildende Mulde füllte sich mit Regenwasser, ein „Kolk" war entstanden. Und warum heißt diese Erscheinung jetzt „Kolk"? Ganz einfach: Man brauchte einen Namen und fand den im niederdeutschen Wort für „Wasserloch", das damit zum Fachbegriff aufgewertet wurde.

Wie kommt man nach Kaltenbronn?

ÖPNV/Bahn:	von Pforzheim mit der S-Bahn nach Bad Wildbad; vom Bahnhof Wildbad mit dem Bus Richtung Kaltenbronn-Gernsbach
Pkw:	A 5, Ausfahrt Rastatt (Nr. 49) auf der B 462 bis Hilpertsau, durch Reichental bis Wanderparkplatz

🛈

A 8, Ausfahrt Pforzheim-West (Nr. 43), 294 bis Bad Wildbad, Richtung Enzklösterle bis Sprollenhaus, dann rechts ab Richtung Gernsbach, Kaltenbronn; Ausgangspunkt für die Wanderung ist Parkplatz F

Weglänge: Hohlohmoor: (Rundweg 4) 3,4 km
Wildseemoor: (Naturlehrpfad) 13,3 km

Hohlohturm

Geöffnet: in den Sommermonaten bei gutem Wetter
täglich   10.00 – 18.00 Uhr

Infos: Kurverwaltung Enzklösterle (s. Kap. 32)

Tipp:
Das Ende 2007 eröffnete **Infozentrum Kaltenbronn** des Naturparks lässt den Besucher den Schwarzwald mit allen Sinnen erfahren. Mit modernster Technik präsentieren sich die Natur, die Tiere und auch die Menschen dieser Region den kleinen und großen Besuchern. In verschiedenen Räumen sind die Schwerpunkte auf den Naturpark zur Einstimmung und dann auf Themen wie das Hochmoor oder den Auerhahn gelegt. Und zum Schluss begegnen sich drei typische Schwarzwälder auf ganz besondere Weise – aber mehr soll hier nicht verraten werden! Der Besuch lohnt zur Einstimmung auf die Region genauso wie als Teil des Ferienprogramms.

Geöffnet: Oktober bis März
mittwochs bis sonntags   10.30 – 16.30 Uhr
April bis September
mittwochs bis sonntags   10.00 – 16.30 Uhr

Infos: Zweckverband Infozentrum Kaltenbronn
Igelbachstraße 11
76593 Gernsbach-Kaltenbronn
Telefon 07224 655197
www.infozentrum-kaltenbronn.de

Kartentipp:
1 : 50 000   LV BW, Freizeitkarte 502, „Pforzheim"

So schön ist es am Wildseemoor!

In Bad Wildbad und auf dem Sommerberg

Bad Wildbad ist als Kurbad, als Ausflugsziel zum Bummeln und Kaffee trinken bekannt und beliebt. Dass dort für Mountainbike-Fans jeden Alters geradezu paradiesische Zustände herrschen, hat sich noch nicht bei allen herumgesprochen.

Mit der Sommerbergbahn geht's hinauf ...

300 Meter hoch über der Ortsmitte von **Bad Wildbad** liegt der Ortsteil **Sommerberg**. Die schnellste, umweltschonendste und auch reizvollste Art hinaufzukommen ist die **Sommerbergbahn**. Sie verkehrt seit 1908 auf dieser Strecke und ist eine der wenigen Standseilbahnen in Baden-Württemberg. Die Wagen bieten genügend Platz, um auch Fahrräder mitzunehmen. Das ist insofern wichtig, als der Sommerberg ja inzwischen nicht mehr nur bei Wanderern und Skifahrern zum beliebten Ausflugsziel zählt. Die Attraktion des Sommerbergs heißt **Bikepark**; und der lässt keine Wünsche offen. Direkt an der Bergstation beginnt eine der beiden Downhill-Strecken. Insgesamt umfasst das Angebot zwei Downhill-Strecken (mit 200/220 Meter Gefälle und 1,5/1,7 Kilometer Länge), zwei Freeride-Strecken (mit je 200 Meter Gefälle und 1,4/1,7 Kilometer Länge), einen Dual-Slalom (mit 40 Meter Gefälle auf 300 Meter), einen Biker-X (mit 80 Meter Gefälle auf 700 Meter) sowie einen Parcours (mit 5 Meter Gefälle auf 250 Meter Länge). Letzterer liegt unmittelbar neben der Bergstation des Skilifts, die bewirtet ist (kein Ruhetag) und auch einen kleinen Sandspielplatz und eine Schaukel hat. Sie eignet sich zum Aufenthalt für nicht radelnde Familienmitglieder und für die kleinen Geschwister. Größere können solange im Parcours üben, geübte Ältere entlang der beiden Skilifte abfahren. Eine Altersbegrenzung nach oben oder unten gibt es nicht. Allerdings sind die Downhill-Strecken nicht für Anfänger geeignet. Jeder trägt die Verantwortung selbst. Vorgeschrieben sind Helm, Rückenprotektor, Ellenbogen- und Knieschützer. All dies kann an der Bike-Station „Bikers Paradise" ausgeliehen werden. Wer allerdings eines der Räder leihen möchte, sollte vorher anrufen, an guten Wochenenden sind sie alle draußen. Darüber hinaus werden hier Reparaturarbeiten gemacht, Fahrtechnikkurse angeboten und allerlei „Events" organisiert. Wer stattdessen oder auch zusätzlich ein bisschen wandern will, ist natürlich hier oben ebenfalls richtig. Es gibt ein Faltblatt mit sechs verschiedenen Rundwanderungen von 2,5 bis 12 Kilometer Länge. Die kleinste übrigens führt am Waldspielplatz (u. a. mit einer Tischtennisplatte und einer Hütte mit Grillplatz) sowie an der oben erwähnten, bewirtschafteten Bergstation des Skilifts vorbei.

Wer die Gelegenheit nutzen will, etwas über das für den Schwarzwald früher so wichtige Flößergewerbe zu erfahren, sollte noch einen Besuch im **Heimat- und Flößermuseum** einplanen, das in Bad Wildbad-Calmbach liegt. Mit Hilfe detailgetreuer Miniaturen, zahlreicher Bilddokumente und lebensnaher Figuren gibt es nicht nur Einblick in die Geschichte der Flößerei, sondern auch in andere historische Lebens- und Arbeitsweisen des nördlichen Schwarzwalds. Zum Einkehren bietet sich der Gasthof „Kleinenzhof" im Kleinenztal an, der die Auszeichnung „Familien-

Restaurant" für seine familienfreundliche Gastronomie erhalten hat und bei dem ein Wildgehege mit Rotwild anzuschauen ist.

Doch zurück noch einmal zum Thema MTB im Schwarzwald. Das hat nämlich inzwischen einen riesengroßen Stellenwert bekommen. Allein der Naturpark Mitte/Nord verfügt über 4000 Kilometer Mountainbike-Trails. In der **„Mountainbike-Arena Murg-/Enztal"** sind 800 Kilometer bestens beschilderte Mountainbikewege angelegt mit atemberaubenden Anstiegen, schnellen Abfahrten, technisch anspruchsvollen Singletrails – auf abwechslungsreichem Terrain, mit GPS-Routing. Ausgangspunkte der Mountainbike-Arena sind die Orte Enzklösterle, Bad Wildbad, Gernsbach, Loffenau, Weisenbach, Forbach und Seewald-Besenfeld. Starttafeln auf Parkplätzen und an den Stadtbahnhaltestellen weisen den Weg.

GPS-Daten und ausführliche Tourenbeschreibungen sind im Internet unter www.bikearena-murgenz.de und unter www.natur-parkschwarzwald.de eingestellt.

... und gut geschützt bergab!

400 Kilometer ausgeschilderte MTB-Touren kann man allein rund um das historische Städtchen **Gengenbach** bewältigen. Weitere 250 Kilometer Mountainbike-Trails finden sich in der **Ferienregion Brandenkopf**, zu der die Orte Biberach, Nordrach, Oberharmersbach und Zell am Harmersbach gehören. Sieben Tourenvorschläge in unterschiedlichen Schwierigkeitsgraden sind bereits ausgearbeitet und entlang der Strecken durchgehend beschildert. Eine Übersicht ist im Info-Prospekt „Vorderes Kinzigtal – Mountainbike-Erlebniswelt zwischen Reben und Schwarzwald" zusammengestellt. Weitere Informationen sind bei den jeweiligen Tourist-Informationen sowie im Internet unter www.brandenkopf.com erhältlich. Dort gibt es auch die GPS-Daten zum Herunterladen.

Wie kommt man nach Bad Wildbad?

ÖPNV/Bahn:	ab Pforzheim mit der Stadtbahn, der Enztalbahn, Haltestelle „Uhlandstraße" für die Bergbahn-Talstation
	Bad Wildbad ist Bahnstation; etwa zweimal im Jahr ist es auch mit dem Dampfzug zu erreichen. Auskünfte darüber erhält man bei den Eisenbahnfreunden e. V. (s. Kap. 38).
Pkw:	A 8, Ausfahrt Pforzheim-West (Nr. 43), B 294 Richtung Freudenstadt bis Calmbach, dort der Ausschilderung nach Bad Wildbad folgen; wer im Parkhaus „Stadtmitte" parkt, erhält gegen Vorlage des Parkausweises eine Ermäßigung auf den Fahrpreis der Sommerbergbahn
Infos:	Touristik Bad Wildbad, s. u.

Bikepark auf dem Sommerberg

Infos:	Radsportakademie private Einrichtung GmbH & Co. KG Hochwiesenhof 7, 75323 Bad Wildbad Telefon 07081 925080 www.bikepark-bad-wildbad.de

Wie kommt man nach Calmbach?

ÖPNV/Bahn:	ab Pforzheim mit der Stadtbahn, der Enztal-bahn, Haltestelle Calmbach-Süd für das Hei-mat- und Flößermuseum
Pkw:	A 8, Ausfahrt Pforzheim-West (Nr. 43), dann immer auf der B 294 Richtung Freudenstadt bleiben

Heimat- und Flößermuseum

Bergstraße 1, 75323 Bad Wildbad (Stadtteil Calmbach)

Geöffnet:	sonntags 14.00 – 17.00 Uhr
	Gruppen auch werktags nach Vereinbarung
Infos:	Telefon 07081 930-111
weitere Infos:	Touristik Bad Wildbad GmbH
	Wilhelmstraße 44, 75323 Bad Wildbad
	Telefon 07081 10280
	www.bad-wildbad-tourismus.de

Wie kommt man ins Kleinenztal?

Pkw:	der „Kleinenzhof" liegt etwa 5 km hinter Calmbach und ist ausgeschildert
Einkehr:	Gaststätte „Kleinenzhof" (dienstags Ruhetag)
	Telefon 07181 3435, www.kleinenzhof.de

Tipps:

Für die, die Spaß an der Seilbahn hatten, lohnt ein Ausflug nach Baden-Baden: Die „Merkur-Bahn" fährt dort auf den Merkur, den „Hausberg" Baden-Badens. Infos s. Kap. 5 („Sagen über Sa-gen").

Weitere familienfreundliche Restaurants, nicht nur im Schwarz-wald, findet man im Internet unter www.familien-restaurant.de.

Kartentipp:

1 : 30 000	LV BW, Wanderkarte „Höhen und Täler um Enz, Nagold, Teinach"

Zur Krokusblüte nach Zavelstein

Das im Tal liegende Bad Teinach und das drei Kilometer oberhalb davon liegende Zavelstein gehören zusammen. Die Zavelsteiner Krokusblüte ist weithin bekannt.

Zavelstein war lange Zeit das kleinste Städtchen Württembergs. Es verdankt sein Stadtrecht dem „Überfall in Wildbad" (1367). Was es damit auf sich hatte, schilderte Ludwig Uhland 1815 im gleichnamigen Gedicht: Wie Graf Eberhard von Württemberg, der auch die Beinamen „Greiner" und „Rauschebart" hatte, beim Kuren in Wildbad heimtückisch von den Schleglern, einer Raubritterbande, überfallen werden soll, aber mit Hilfe eines Hirten noch rechtzeitig fliehen kann und in Zavelstein Aufnahme findet (siehe hierzu auch „Graf Eberhard der Rauschebart" aus dem Verlag Fleischhauer & Spohn). Nachdem Zavelstein den Bauernkrieg und auch den Dreißigjährigen Krieg ziemlich unbeschadet überstanden hatte, wurde es 1692 vom französischen General Melac fast vollständig niedergebrannt. Trotzdem säumen heute stattliche, gepflegte Fachwerkhäuser den Weg zur Burg. Diese war um 1200 durch die Grafen von Calw als Vogtsburg erbaut worden und ging bis zu ihrer Zerstörung durch mehrere Hände. Geblieben ist der 28 Meter hohe Bergfried, von dem man bei klarem Wetter weit über die ganze Albkette vom Hohenstaufen bis zur Achalm bei Reutlingen sieht. Zwischen Burg und „Städtle" ist ein Kinderspielplatz.

Kommt man im zeitigen Frühjahr nach Zavelstein, kann man durch ein unvorstellbares Meer von wilden Krokussen wandern. Hier und in den Gemeinden Sommenhardt, Lützenhardt, Rotenbach und Emberg finden sich die einzigen Flächen in Süddeutschland, wo der Krokus wild wächst. Warum gerade hier, das ist nicht so richtig geklärt. Es gibt eine Sage, nach der einer der Burgherren von Zavelstein von seinen Reisen Krokusse mitgebracht haben soll und sie dann irgendwann irgendwie ausgewildert wurden. Der erste urkundliche Beleg der Zavelsteiner Krokusse jedenfalls geht auf das Jahr 1825 zurück!

Nach dem Besuch von Burg und Altstadt biegt man halbrechts, gegenüber, in die *„Schulstraße"* ein und folgt der *rotschwarzen Raute* des Ostwegs bergauf in Richtung *Wanderheim*. Nach ungefähr einem Kilometer gabelt sich der Weg, links ist das rote Haus des Wanderheims, eine öffentliche Gaststätte (montags Ruhetag), sichtbar. Doch geht man geradeaus weiter, der *rotschwarzen Raute* nach bergab. Am *„Zavelsteiner Brückle"* überquert man den Rötelbach und folgt dem Weg mit der *gelbblauen Raute,* dem *„Rötelbachweg"*, nach rechts in den Wald. Der Weg verläuft zuerst wenige Meter oberhalb des Bachlaufs, führt aber bald direkt ans

Im Hof der Burg Zavelstein

Wasser. Die roten Lehme des Bachgrunds sind Verwitterungs-
produkte des Buntsandsteins. Eine ganze Zeit lang folgt man dem
romantischen Bachlauf, bis der Weg über große Sandsteinblöcke
noch einmal die Seite wechselt und ein kurzes Stück in Richtung
Lützenhardt (mit der *gelbblauen Raute* als Markierung) steil bergauf
führt. Entlang der „*Birkenwaldstraße*" geht es weiter nach **Sommen-**

hardt. Dort hält man sich rechts, biegt in die *„Calwerstraße"* ein, folgt wieder der Ausschilderung *„Wanderheim"* und gelangt so über die *„Schulstraße"* zurück zum Ausgangspunkt der reizvollen, aber nicht kinderwagengeeigneten kleinen Wanderung.

Bad Teinach ist durch seine Mineralquellen bekannt, die sowohl zum Baden als auch zum Trinken geeignet sind. 1345 wurden sie zum ersten Mal urkundlich erwähnt. Der Sage nach soll ein verwundeter Hirsch, der in den Quellen badete, einen Jäger auf die besondere Beschaffenheit dieses Wassers aufmerksam gemacht haben. Bereits im 16. Jahrhundert war Teinach für seine Trink- und Badekuren bekannt und wurde, nach seiner Glanzzeit im 17. Jahrhundert, 1835 sogar königliches Bad. Seit 1924 gehören alle Kureinrichtungen, Trinkhalle und Kurgarten der Mineralbrunnen Überkingen-Teinach AG. Die Betriebseinrichtungen der Trinkwasserabfüllung können donnerstags kostenlos von einem Glasumbau aus besichtigt werden, und es ist sicher nicht nur für Kinder interessant, einmal zu sehen, wie das Wasser in die Flasche kommt.

Wie kommt man nach Bad Teinach-Zavelstein?

ÖPNV/Bahn:	mit der Bahn bis Bad Teinach (kein Fahrkartenschalter); Busverkehr ab Bahnhof in den Ort und nach Zavelstein durch Firma Teinachtal-Reisen (Telefon 07053 96960)
Pkw:	A 8 bis Ausfahrt Pforzheim-West (Nr. 43), B 463 über Calw in Richtung Nagold, beim Bahnhof Bad Teinach, rechts ab zum Ortsteil Zavelstein
	Ausgangspunkt: Parkplätze an der „Krokusstraße" oder auf dem Marktplatz in Zavelstein
Weglänge:	ca. 7,5 km

Mineralbrunnen Überkingen-Teinach AG
Badstraße, 75385 Bad Teinach-Zavelstein
(in Bad Teinach, nahe Kurhaus und Kurverwaltung)

Führungen:	dienstags	10.30 Uhr
	Gruppen nach Vereinbarung	
	Treff: Haupteingang der Mineralbrunnen AG	
Infos:	Telefon 07053 9262-12	

Bergfried Burg Zavelstein

Geöffnet:	im Sommer bzw. bei gutem Wetter täglich begehbar
Infos:	Teinachtal-Touristik Rathausstraße 5 75385 Bad Teinach-Zavelstein Telefon 07053 9205040, www.teinachtal.de

Kartentipp:
1 : 30 000   LV BW, Wanderkarte „Enz, Nagold, Teinach"

Es gibt viel zu entdecken ...

Das „wilde" Monbachtal bei Bad Liebenzell

Das „wilde" Monbachtal ist ein „Klassiker" unter den Ausflugszielen im nördlichen Schwarzwald. An Feiertagen vor allem ist es das favorisierte Ziel von Familien. Und gerade deshalb darf es auch hier im Buch nicht übergangen werden. Denn wie kaum ein Wanderweg führt der Pfad durch die Monbachschlucht eng am Wasser entlang, „zwingt" immer wieder durch den Bach zu wechseln, von einer Seite zur anderen. Dem Mut der Familien bleibt es dabei überlassen, ob sie sich ihren Weg auf Steinen durch den Bach oder über quer liegende Baumstämme balancierend suchen. Irgendwie bleibt die Aura von Wildnis und Abenteuer trotz der vielen Besucher zumindest für Kinder immer lebendig und macht den Ausflug zum Erfolg.

Die kleine Schwester ist als „Pferdchen" unterwegs!

Den „Einstieg" ins **Monbachtal** findet man durch den Park der „Liebenzeller Mission", vorbei am Minigolfplatz, dem Schild „Monbachschlucht" folgend. Schlucht? Hier unten ist der Monbach doch ein ganz normaler, eher ruhig vor sich hin plätschernder Bach! Und dass dies etwas Besonderes ist, merkt man erst, wenn man sich klarmacht, dass dieser „Monbach" genannte Teil der Unterlauf eines größeren Baches ist. Normalerweise hat ein Bach in seinem Oberlauf das größere Gefälle mit höherer Fließgeschwindigkeit und damit den romantischeren, weil wilderen und ursprünglicheren Abschnitt. Hier

Burg Liebenzell ist wirklich ein Schmuckstück

ist es umgekehrt. Schuld sind die Gesteinsschichten im Oberlauf des Baches, die verhinderten, dass der Bach sich dort tiefer eingraben konnte. Folgerichtig hat der Bach, der aus zwei so ganz unterschiedlichen Abschnitten besteht, zwei Namen: Man nennt ihn „Monbach" im unteren Tal, dem eigentlichen Monbachtal. „Maisgraben" (was nichts mit dem Getreide zu tun hat, sondern ein mundartlicher Ausdruck für „Wasser" ist) heißt er im oberen Abschnitt, dem Möttlinger Tal, wo seine Quelle liegt. Monbach soll von dem Namen des nahen Orts „Monakam" abgeleitet worden sein, der vermutlich auf die uralte Besiedlung des Bergrückens (= „Kamp") durch die Sippe eines „Mone" oder „Mun" verweist. Aber was interessiert das noch bei einem so spannenden Wegverlauf? Am „Jugendzeltlagerplatz Monbachtal" gibt es die erste Möglichkeit zum Grillen. Eine zweite Möglichkeit, Rast zu machen, findet sich ein Stück weiter an der Schutzhütte des Schwarzwaldvereins auf einer Waldlichtung. Ab hier erreicht man in ungefähr einer Viertelstunde die Monbachbrücke. Wer mag, geht an dieser Brücke rechts, um auf der linken Talseite auf einem Forstweg, der sich später „*Hahlenweg*" nennt, den Rückweg anzutreten. Andere gehen vollends hinauf nach Monakam, wo es den Biergarten „… endlich oben" (kein Ruhetag) gibt sowie andere Möglichkeiten, sich zu verpflegen.

Wasser, Burg, Ruinen sind für Kinder wichtige Bestandteile eines gelungenen Ausflugs und so bietet sich als Ergänzung zum Monbachtal ein Abstecher zur **Burg Liebenzell** an. Um 1200 errichtet, war sie seit dem 16. Jahrhundert Ruine, bis sie 1954 renoviert wurde. Heute sind die Burggaststätte und der 34 Meter hohe Bergfried (der Turm) wieder zugänglich. Bad Liebenzells Namenteil „Liebenzell" soll übrigens zurückgehen auf eine klösterliche „Zelle", ein kleines Kloster also, das im Jahre 1090 von Hirsau aus eingerichtet wurde. **Hirsau** ist für im Auto angereiste Familien schnell erreicht und seine geschichtsträchtigen Ruinen sind auch für Kinder reizvoll. Das Kloster, das Geschichte gemacht hat, als es zum deutschen Ausgangspunkt der vom burgundischen Kloster Cluny eingeleiteten Klosterreform wurde und dessen damaliger Einfluss bis Thüringen, Bayern und Kärnten reichte, war im 17. Jahrhundert ein beliebter Sommersitz der württembergischen Herzöge, die hier ein Jagdschloss errichteten. Kloster, Kirche und Schloss wurden 1692 zerstört und nicht wieder aufgebaut. Die Außenanlagen sind frei zugänglich. Dem Kloster gegenüber liegt ein schönes Wildgehege.

Wie kommt man ins Monbachtal?

ÖPNV/Bahn:	Bad Liebenzell hat einen Bahnhof, das Monbachtal sogar eine eigene (Bedarfs-)Bushaltestelle
Pkw:	A 5, A 8 bis Ausfahrt Pforzheim-Ost (Nr. 45), auf der B 463 Richtung Calw, Bad Liebenzell; das Monbachtal ist ausgeschildert
	A 81, Ausfahrt Böblingen-Hulb (Nr. 24), Richtung Weil der Stadt, Bad Liebenzell
	B 295 Stuttgart – Leonberg – Weil der Stadt, dort Richtung Bad Liebenzell abbiegen
Weglänge:	durch das Monbachtal: ca. 6,5 km

Burg Liebenzell

ÖPNV/Bahn:	Die Burg ist vom Bahnhof Liebenzell mit dem Bus erreichbar.
Geöffnet:	bei gutem Wetter täglich 10.00 – 18.00 Uhr Mitte Dezember bis März geschlossen
Infos:	Telefon 07052 1234
weitere Infos:	Stadtverwaltung Bad Liebenzell Kurhausdamm 2-4, 75378 Bad Liebenzell Telefon 07052 408-0, www.bad-liebenzell.de

Wie kommt man nach Hirsau?

ÖPNV/Bahn:	vom Bahnhof Calw mit der Regionalbahn bis zum Bahnhof Hirsau
Pkw:	von Bad Liebenzell auf der B 463 weiter Richtung Calw; der Luftkurort Hirsau ist ein Stadtteil von Calw
Infos:	Stadtinformation Calw Marktbrücke 1, 75365 Calw Telefon 07051 968810, www.calw.de

Tipp:
An der B 463 zwischen Pforzheim und Bad Liebenzell liegt der Ort Unterreichenbach. Dort lohnt ein Besuch in **Dr. Schröders**

Honigecke, einer offiziellen Honigabfüllstation des deutschen Imkerbundes. An der Honigbar lässt sich's prima probieren – und einkaufen kann man natürlich auch.
(Calwer Straße 65, Telefon 07235 1326; www.honigecke.de)

Kartentipp:
1 : 50 000   LV BW, Freizeitkarte 502, „Pforzheim"

Romantischer Blick auf die Klosterkirche Hirsau

Besucherbergwerke im Schwarzwald

Bergbau hatte im Schwarzwald einmal einen großen Stellenwert. Inzwischen sind alle Stollen (egal, was ursprünglich abgebaut wurde) längst erschöpft. Geblieben ist die Erinnerung an diesen einst wichtigen Teil der Kultur- und Besiedlungsgeschichte des Schwarzwalds. In unzähligen ehrenamtlich geleisteten Arbeitsstunden sind sie heute als Besucherbergwerke wieder zugänglich und stoßen auf großes Interesse. Allein entlang der Schwarzwaldhochstraße im Bereich des Nordschwarzwalds gibt es vier, die sich übrigens gut mit anderen Ausflügen in diesem Buch verbinden lassen. „Glück auf" also, denn das wünschten sich die Bergleute, bevor sie in den Stollen ein- oder ausfuhren. Gleich vorneweg ein Tipp: Auch im Hochsommer ist es in den Bergwerken kühl und feucht. Nicht nur für die Kinder sollte deshalb an Pullover und festes Schuhwerk gedacht werden.

Besucherbergwerk „Frischglück" in Neuenbürg

Nahe **Neuenbürg** hatten schon Kelten und Römer nach Erz gegraben und Eisen geschmolzen. Als **„Frisch-Glück-Stollen"** war die Grube Teil der ehemals „Königlich-Württembergischen Eisenerz-Bergwerke". Von 1720 bis 1868 wurden fast 100 000 Tonnen Erz gefördert und drei Eisenhütten damit beliefert. Aus Erz wurde Stahl erzeugt und in Neuenbürg gleich zu Sensen, Sicheln und Messern verarbeitet. Das Aus für die Grube kam durch die Konkurrenz moderner betriebener Gruben. Seit 1985 nun ist sie Besucherbergwerk. Versehen mit Umhang und Helm steigt man über drei „Sohlen", so nennt man bergmännisch die drei Stockwerke, ins Innere. Dabei geht es nach oben, nicht nach unten! Die Führung dauert rund 45 Minuten. Wer mag, verbindet den Besuch der Grube mit dem des Märchentheaters im Schloss (s. Kap. 2 „Folgt dem Diener Ambrosius!"). Ein Wanderweg mit dem Bergbauzeichen verbindet Schloss und Besucherberg, doch man kann es auch gezielt direkt anfahren.

Wie kommt zum Besucherbergwerk „Frischglück"?	
ÖPNV/Bahn:	gute Zugverbindungen von Karlsruhe oder Stuttgart aus über Pforzheim; vom Hauptbahnhof oder vom Südbahnhof Neuenbürg aus sind es jeweils etwa 45 Min. Fußweg bis zum Besucherbergwerk; die Buslinie Neuenbürg – Schömberg des RVS hält beim Bergwerk
Pkw:	A 8 bis Ausfahrt Pforzheim-Ost (Nr. 45); das Besucherbergwerk liegt vor Neuenbürg an der Straße nach Waldrennach (ausgeschildert)

Geöffnet:	April bis Oktober samstags, sonn- und feiertags 10.00 – 17.00 Uhr
Führungen:	für Gruppen ab 10 Personen nach Voranmeldung mittwochs bis freitags
Infos:	Stadtverwaltung Neuenbürg Rathausstraße 2, 75305 Neuenbürg Telefon 07082 7910-0, www.neuenbuerg.de Arbeitsgemeinschaft Neuenbürger Bergbau e. V. Rathausstraße 2, 75301 Neuenbürg Telefon 07082 50444 (Stollen) Gruppenanmeldungen: Telefon 07082 792860, www.frischglueck.de

Besucherbergwerk „Hella-Glück-Stollen" und Mineralienmuseum in Neubulach

Neubulach hat den **„Hella-Glück-Stollen"**. Die Stadt verdankt dem Bergbau nicht nur wirtschaftlich ihr Glück, sondern auch ihr Ansehen und ihre Rechte. Neubulach, einst gegründet zur Sicherung der umfassenden Silbererzvorkommen und der Bergwerksanlagen, wurde bereits von den Staufern zur Stadt erhoben und war lange die führende Bergbaustadt im nördlichen Schwarzwald. Seit 1970 ist die ehemalige Grube für Besucher offen und es gibt auch hier das obligate, für Kinder aber wichtige Zubehör zur Führung: Helm und Umhang. Als sinnvolle Ergänzung des Ausflugs ist der Besuch in das **Mineralienmuseum** zu nennen.

Ein Beispiel für viele: Neubulach

Wie kommt zum Besucherbergwerk „Hella-Glück-Stollen"?

ÖPNV/Bahn:	mit dem Bus ab Bahnhof Bad Teinach bis Haltestelle „Silberbergwerk"
Pkw:	A 8 bis Ausfahrt Pforzheim-West (Nr. 43), B 10 bis Pforzheim, B 463 durch das Nagoldtal bis Neubulach
Geöffnet:	April bis Oktober

montags bis samstags   10.00 – 16.00 Uhr
sonn- und feiertags   10.00 – 17.00 Uhr

Infos:	Stadt- und Kurverwaltung Neubulach
	Marktplatz 3, 75387 Neubulach
	Telefon 07053 9695-10, www.neubulach.de

ℹ

Wie kommt man zum Mineralienmuseum („Kristallwelten")?

Pkw:	s. o.
Geöffnet:	April bis Oktober
	dienstags bis freitags	10.30 – 12.30 Uhr
	und	14.00 – 16.00 Uhr
	samstags,
	sonn- und feiertags	10.30 – 12.30 Uhr
	und	13.30 – 17.00 Uhr
	montags geschlossen
Infos:	Stadt- und Kurverwaltung Neubulach, s. o.

Historisches Bergwerk Hallwangen – Grube „Himmlisch Heer"

Die Grube **„Himmlisch Heer"** in **Hallwangen**, heute ein Ortsteil von Dornstetten (s. u.) war von 1551 bis 1912 in Betrieb. Hauptsächlich wurde Schwerspat abgebaut, interessant waren aber auch die Mineralien Malachit, Azurit und vor allem der schöne Fluorit, den man vielleicht als Schmuckstein kennt. Seit 1995 ist die Grube als Besucherbergwerk zugänglich und gut mit einem Besuch im „BarfußPark" und der schönen Fachwerkstadt Dornstetten (beides s. Kap. 25 „Zeigt her eure Füße ...") zu kombinieren.

Wie kommt man zum Historischen Bergwerk Hallwangen – Grube „Himmlisch Heer"?

ℹ

ÖPNV/Bahn:	mit dem Zug: bis Bahnhof Dornstetten; von dort ist es eine etwa 40-minütige Wanderung
	mit dem Bus: von der Haltestelle „Kurhaus Waldeck" sind es nur noch etwa 3 Minuten Fußweg, von der Haltestelle „Grüner Baum" noch etwa 8 Minuten
Pkw:	A 81, Ausfahrt Horb (Nr. 30), B 32 bis Horb, dann Landstraße bis Dornstetten
Geöffnet:	Mai bis Oktober
	1. und 3. Sonntag
	im Monat	14.00 – 18.00 Uhr
	Gruppenführungen nach Voranmeldung

🛈 **Infos:** Tourist-Information Dornstetten (s. Kap. 25)

„Historisches Silberbergwerk" in Freudenstadt und Waldgeschichtspfad in Freudenstadt

Das Besucherbergwerk „Historisches Silberbergwerk" in **Freudenstadt** ist sehr viel älter als die Stadt und wurde 1999 zum 400-jährigen Bestehen Freudenstadts wieder öffentlich zugänglich gemacht. Wie der Name schon verrät, wurden einst Silber und Schwerspat abgebaut. Wichtig zu wissen ist, dass die Grube nur bedingt, vor allem für kleinere Kinder, geeignet ist: Über (allerdings durch Zwischenböden gesicherte) Leitern steigt man während der Führung tief hinab und auch wieder hinauf. Und deshalb ist es hier ein bisschen anstrengender, dafür aber auch viel abenteuerlicher als in den anderen genannten Besucherbergwerken. Wer Zeit und Lust hat, mehr über den Erzabbau und die alten „Waldgewerbe" zu erfahren, sollte den nahen und reizvollen „Freudenstädter Waldgeschichtspfad" (einfache Strecke 8,5 Kilometer) wandern. Oder man nutzt eine der vielen anderen Möglichkeiten, die Freudenstadt bietet (s. Kap. 26 „Ausprobieren und experimentieren!"), um den Ausflug abzuschließen.

🛈 **Wie kommt man zum „Historischen Silberbergwerk"?**

ÖPNV/Bahn: von Stuttgart und Karlsruhe aus fahren regelmäßig Züge; auch mit der „Murgtalbahn" ab Karlsruhe kommt man nach Freudenstadt (s. Kap. 26)

Pkw: Freudenstadt (s. Kap. 26), Richtung Schwarzwaldhochstraße; das Bergwerk liegt am Ortsende beim Kurhaus

Geöffnet: Ostern bis Oktober
samstags,
sonn- und feiertags   14.00 – 17.00 Uhr
Sonderführungen außerhalb dieser Zeiten sind (auch für Gruppen) nach Vereinbarung möglich.

Infos: Freudenstadt Tourismus, Freudenstadt (s. Kap. 26)

Wie kommt man zum Waldgeschichtspfad in Freudenstadt?

Pkw:	s. o., erst Richtung Schwarzwaldhochstraße, am Ortsende von Freudenstadt abbiegen in Richtung Schömberg, Zwieselberg; unmittelbar nach dem Abbiegen findet man rechts die Zufahrt zum Wanderparkplatz „Teuchelwald"; zwischen Parkplatz „Lauferbrunnen" und Stadt besteht eine Verbindung per Bus oder „Kurbähnle"
Weglänge:	Der reine Pfad ist 8,5 km lang. Es besteht die Möglichkeit, ab dem Endpunkt per Bus zurückzufahren oder mit zusätzlichen 2,5 km eine reizvolle Rundwanderung zu machen.
Infos:	Freudenstadt Tourismus (s. Kap. 26)

Erzstollen „Silbergründle"

Lange Zeit wussten nur die Einheimischen vom **Seebacher Erzstollen „Silbergründle"**, er war in keinem Archiv verzeichnet. Dank mündlicher Überlieferung und verschiedener Flurnamen, die auf das Vorhandensein eines Stollens hinwiesen, wurde er von freiwilligen Helfern wieder zugänglich gemacht. Unter Führung eines fachkundigen Erzknappen (Terminvereinbarung über die Tourist-Information Seebach, s. Kap. 16 „Mummeln und Moor", notwendig) kann der Stollen nun erforscht werden, natürlich bergwerksgerecht ausgestattet mit Grubenhelm und im fahlen Licht der Grubenlampen.

Geöffnet:	Besichtigungstermine im örtlichen Ferienprogramm (in Ferienzeiten jeweils montags nachmittags) und für Gruppen ganzjährig nach Vereinbarung bei der Tourist-Information Seebach
Info:	Tourist-Information Seebach (s. Kap. 16)

Mit öffentlichen Verkehrsmitteln unterwegs

Der Schwarzwald ist gut mit der Bahn zu erreichen. Drei Dampfzüge verkehren noch regelmäßig: die „Achertalbahn" zwischen Achern und Ottenhöfen, die „Albtalbahn" zwischen Ettlingen und Bad Herrenalb und die „Murgtalbahn". Viele Orte haben Bahnanschluss, andere Ausflugsziele sind mit Bussen von dort aus in der Regel gut zu erreichen. Macht man im Schwarzwald gar Urlaub, sind über „KONUS" die öffentlichen Verkehrsmittel frei zu benutzen. Nicht nur aus Umweltgesichtspunkten ist das ein Vorteil, den man auch nutzen sollte (s. hierzu auch Vorwort).

Museumsbahnen oder „Dampfzüge", wie sie im Volksmund heißen, üben auf viele einen unwiderstehlichen Reiz aus. Zudem gibt es historische Bahnlinien, von denen jede einzelne auch mit modernen Wagen und höherer Geschwindigkeit den Ausflug von Anfang an zu etwas Besonderem macht.

Die **Achertalbahn** ist eine der beliebtesten Museumsbahnen. Sie hat ihren 100. Geburtstag schon lange hinter sich. Doch noch immer zieht die kleine Lokomotive „Badenia" der Baureihe T3 Dritte-Klasse-Holzwagen, die zum Teil sogar noch aus dem Eröffnungsjahr stammen. Sie verkehrt von Mai bis Oktober an vielen Sonntagen auf der knapp elf Kilometer langen Strecke zwischen Achern und Ottenhöfen. An allen übrigen Sonntagen fährt die Achertalbahn zwar auch, dann aber mit Triebwagen. Den aktuellen Fahrplan findet man jeweils im DB-Kursbuch unter der Streckennummer 717. Die Strecke kann ganz oder teilweise (Achern – Kappelrodeck, Ottenhöfen – Kappelrodeck) befahren werden. Beide Zugarten sind bewirtschaftet.

Infos: Tourist-Information Ottenhöfen(s. Kap. 14)

Die **Albtalbahn** fährt an etlichen Wochenenden zwischen Mai und Dezember als historischer Dampfzug durchs Albtal. Die Züge sind bewirtschaftet. Sonntags werden kostenlos Fahrräder transportiert. Für die 19 Kilometer lange Strecke von Ettlingen nach Bad Herrenalb benötigt die Dampflokomotive eine dreiviertel Stunde, zurück nur eine halbe Stunde. Für Eisenbahnfreunde jeden Alters ist das **Bahnhofsfest** (Ende August) in Bad Herrenalb geradezu ein „Muss".

Eine Fahrt mit der regulären (modernen) Albtalbahn (AVG) ist stets eine Alternative zur Eigenanreise im Pkw. Die AVG verbindet die Karlsruher Innenstadt (ab/bis Marktplatz) mit Bad Herrenalb durch den Karlsruher Verkehrsverbund (KVV) und hat Anschluss zu allen wichtigen Zugverbindungen.

Infos: Albtal- und Murgtalbahn:
Eisenbahnfreunde e. V. – Arbeitsgruppe Karlsruhe
Dammerstockstraße 28, 76199 Karlsruhe
Telefon 0721 883361, www.efa-bw.de

Bahnhofsfest in Bad Herrenalb

Von Stuttgart fährt die **„Gäubahn"** nach Eutingen und von dort nach Freudenstadt. Ab Freudenstadt werden fast alle Himmelsrichtungen bedient: Von Osten kommt man mit der Gäubahn, nach Norden rollt die Murgtalbahn, die Kinzigtalbahn fährt nach Westen.

Die Murgtalbahn, die zwischen Rastatt und Freudenstadt verkehrt, hat Anschluss an die **Schwarzwaldbahn** und die Strecken nach Pforzheim und Stuttgart. Auf der 58 Kilometer langen Strecke müssen 619 Höhenmeter bewältigt werden. Die Fahrt geht allein auf einem Teilstück von 16 Kilometern durch 10 Tunnels mit über 2 Kilometer Länge und über 24 Brücken. Die immens lange Bauzeit verwundert deshalb schon weniger: Die erste Teilstrecke von Rastatt bis Gernsbach wurde 1869 eröffnet; aber erst nach 59 (!) Jahren wurde die gesamte Strecke für den fahrplanmäßigen Zugverkehr freigegeben. Der landschaftlich schönste Teilabschnitt liegt auf der sechs Kilometer langen Strecke zwischen Weisenbach und Forbach. An ein paar wenigen Sonntagen im Jahr fährt sie auf dieser Strecke sogar als Museumszug.

Die **Murgtalbahn** lässt sich nutzen für die Ausflüge nach Forbach (s. Kap. 9 „Was ist Glück?"), Gausbach (s. Kap. 8 „Brunnenzauber") oder nach Gernsbach (s. Kap. 5 „Sagen über Sagen"). Die **Rheintalbahn** von Karlsruhe nach Basel bietet sich ebenfalls zur Anreise zu vielen Ausflugsorten an, zum Beispiel nach Baden-Baden (s. Kap. 8 „Brunnenzauber") oder nach Freudenstadt (s. Kap. 26 „Ausprobieren und experimentieren!").

Die **Enzbahn**, die immer an der Enz entlang von Pforzheim nach Wildbad fährt, eignet sich zur Bahnanreise nach Neuenbürg (s. Kap. 2 „Folgt dem Diener Ambrosius!") ins Monbachtal (s. Kap. 36 „Der ‚Klassiker' unter den Bächen") oder Bad Wildbad (s. Kap. 34 „MTB-Spaß"). Nach der mit großem Aufwand erfolgten Sanierung der Strecke fährt die Stadtbahn nun von Pforzheim nach Bad Wildbad. Dank der S 6 gibt es regelmäßige Direktverbindungen von Karlsruhe nach Bad Wildbad.

Die **Kinzigtalbahn** verkehrt zwischen Hausach und Freudenstadt. Sie ist eine der ältesten Bahnlinien im Schwarzwald. Auf der 39 Kilometer langen Strecke müssen 423 Höhenmeter überwunden werden. Die Bemühungen um den Bau einer Eisenbahnstrecke durch das Kinzigtal reichen bis 1858 zurück. Doch die erste Bahn fuhr erst 1886, fast dreißig Jahre später. Seit 1985 verkehren nur noch moderne Triebwagen. Doch nach wie vor kann man auf dieser Strecke bequem ein Stück des mittleren Schwarzwalds kennen lernen und den Ausflug mit einem Besuch in Alpirsbach (s. Kap. 22 „Beten und Büffeln") verbinden oder den „Flößerpfad" (s. Kap. 23 „Spuren der Flößer") abwandern.

Infos und Auskünfte über Fahrpläne, -preise und Anschlüsse
Am Bahnhof oder bei der
telefonischen Fahrplanauskunft Baden-Württemberg
Telefon 01805 779966 (EUR 0,14/Min.), www.efa-bw.de

Mit dem 3-Löwen-Takt schneller ans Ziel:
Wie kommt man am schnellsten mit Bussen und Bahnen von einem
Ort zum anderen? Kein Problem für EFA. Die Elektronische
Fahrplanauskunft Baden-Württemberg findet schon seit zehn Jahren
blitzschnell die direkten Verbindungen im Land. Reisende können
unter **www.3-loewen-takt.de** rund um die Uhr Fahrpläne abrufen:
Es reicht die Eingabe der Start- und Zieladresse. EFA berechnet nicht
nur die Fahrt mit öffentlichen Verkehrsmitteln, sondern auch den
Fußweg von den Start- und Zieladressen zu den Haltestellen. Man
kann sich die Wege auch auf Karten anzeigen lassen und ausdrucken.

Anzeige

Wir bewegen Baden-Württemberg

Bequem die Freizeit planen
mit dem 3-Löwen-Takt.

www.3-loewen-takt.de

Auf unserer Freizeit- und Veranstaltungs-
datenbank finden Sie aktuelle Freizeit-
Tipps, die bequem mit Bus und Bahn zu
erreichen sind.

Baden-Württemberg

3-LÖWEN-TAKT
Schneller voran mit Bus und Bahn

SüdwestBus „Rote Linie"
Viele Ausflugziele in diesem Ausflugsführer sind mit der „Roten
Linie" des **„SüdwestBus"** gut zu erreichen: Bad Wildbad, Gernsbach, Kaltenbronn, Enzklösterle, Gompelscheuer, Poppeltal, Seewald-Besenfeld, Baiersbronn, Dornstetten und Altensteig.

SüdwestVELObus
Auf der Schwarzwaldhochstraße verkehrt der **„SüdwestVELObus".**

KONUS-Gästekarte

Wer im Schwarzwald Urlaub macht, kann in mehr als 100 Feriengemeinden mit der KONUS-Gästekarte beinahe in der gesamten Ferienregion kostenlos Bus und Bahn benutzen. Detaillierte Infos unter www.konus-schwarzwald.info. Der KONUS-Flyer ist kostenlos erhältlich unter Infotelefon 01805 661224 (je 14 Ct./Min. aus dem dt. Festnetz, Mobilfunk kann abweichen), siehe auch Vorwort.

Schwarzwald-Ticket

Auch schon die Anreise in den Schwarzwald kann umweltfreundlich und kostengünstig mit dem **„Schwarzwald-Ticket"** erfolgen. Diese kann bequem zusammen mit der Übernachtung bei der jeweiligen Tourist-Information gebucht werden oder direkt bei der Schwarzwald-Tourismus GmbH.

Infos:	Schwarzwald-Tourismus GmbH c/o KMK GmbH Marktbereich Tourismus Postfach 1208, 76002 Karlsruhe Telefon 0721 3720-5388 oder -5378, www.karlsruhe-tourism.de

Baden-Württemberg-Ticket „Familien auf Tour"

Für die Bahnreise zu vielen Zielpunkten von zu Hause aus bietet sich für Familien das **Baden-Württemberg-Ticket „Familien auf Tour"** an. Es gilt (Stand Dezember 2007) für bis zu fünf Personen (d. h. Eltern oder Großeltern mit eigenen Kindern unter 15 Jahren) für beliebig viele Fahrten in der zweiten Klasse in allen Nahverkehrszügen der DB (IRE, RE, RB und S-Bahnen).

Am Automat oder im Internet unter www.bahn.de kostet es insgesamt Euro 27,00; mit Beratung 2 Euro mehr.

Karlsruher Verkehrsverbund (KVV)

Der **Karlsruher Verkehrsverbund (KVV)** bindet per S-Bahn von Karlsruhe aus unter anderem das Murgtal, aber auch Bad Wildbad und Freudenstadt an.

Infos:	Service-Telefon 0721 6107-0, www.kvv.de

Für alle Ausflüge mit öffentlichen Verkehrsmitteln lohnt es sich, Auskünfte auch bei den übrigen Verkehrsverbünden der Ferienregion einzuholen:

Landkreis Calw
Tarifverbund der Verkehrsgesellschaft Bäderkreis Calw (VGC):
Telefon (Calw) 07051 968850
Telefon (Nagold) 07452 839638
www.vgc-online.de

Landkreis Freudenstadt
Verkehrsgemeinschaft Landkreis Freudenstadt (vgf)
Telefon 07443 247-340 (montags bis freitags 8.00 – 17.00 Uhr)
www.vgf-info.de

Landkreis Pforzheim/Enzkreis
Verkehrsverbund Pforzheim-Enzkreis GmbH (VPE)
Telefon 07231 392288
www.vpe.de

39 Nichts wie rein!

Die schönsten Badeseen im nördlichen und mittleren Schwarzwald

Es gibt Tage, die sind (fast) zu schön für alles, was nicht Badefreuden verspricht. Dagegen kommt kein noch so imposanter Wasserfall an, kein Dampfzug und schon gar kein Museum. Warum auch nicht? Auch für einen Tag am Wasser lohnt es sich in den Schwarzwald zu fahren und Natur pur als Alternative zum heimischen Freibad zu genießen.

Einige der schönsten Badeseen findet man in diesem Kapitel, das im Übrigen nicht im Mindesten Anspruch auf Vollständigkeit erhebt. Allein in Baden-Württemberg gibt es schließlich über 300 „offizielle" Badeseen.

Schwarzenbachtalsperre und zum Herrenwieser See

Von den aufgeführten Badeseen ist der am weitesten nördlich gelegene Badesee im Naturpark Schwarzwald Mitte/Nord der **Schwarzenbach-Stausee**. Da hier, im Bereich der höchsten Berge des Nordschwarzwaldes, die stärksten Niederschläge fallen, bot es sich an, den Schwarzenbach zu stauen, um Strom zu erzeugen. Sehenswert ist die 400 Meter lange, 65,3 Meter hohe und an der Basis fast 50 Meter dicke Staumauer. Wie üblich, wird das zur Stromerzeugung ins Krafthaus (im Raumünzachtal) geleitete Wasser mit überschüssigem Nachtstrom wieder in den Stausee zurück gepumpt. Am See gibt es das „Schwarzenbach-Hotel" und „Gasthaus am See", einen Kiosk, dazu Bootsverleih, Badegelegenheiten und die Möglichkeit, allerlei Arten von Wassersport zu treiben. Wegen seiner recht steil abfallenden Ufer ist er für kleinere Kinder weniger geeignet. Vom Parkplatz „Schwarzenbachtalsperre" aus kann man den See auf einer etwa sechs Kilometer langen Strecke umrunden.

Schön und sehr still ist der **Herrenwieser See**. Ein Badesteg mit einer Leiter lädt zum Baden ein. Sonst gibt es keinerlei Einrichtungen. Man kann ihn nicht anfahren, sondern nur erwandern! Vom Parkplatz in Herrenwies aus geht es dafür nach rechts auf einem breiten Weg am Wanderheim vorbei. Wenig später gabelt sich der Weg. Die *blaue Raute* führt hinauf zum Herrenwieser See.

ℹ️ **Wie kommt man zur Schwarzenbachtalsperre und zum Herrenwieser See?**

Pkw: beide Seen sind von der Querstraße aus zu erreichen, die die B 500 (Hotel „Sand") mit der B 462 (Raumünzach) verbindet; die Schwarzenbachtalsperre kann man direkt an-

	fahren, den Herrenwieser See kann man nur erwandern (Beschreibung s. o.)
Infos:	Tourist-Info Forbach (s. Kap. 8)

Achernsee

Der **Achernsee** ist Badesee und Strandbad zugleich. Im Bereich des Strandbads gibt es am Ufer einen flach abfallenden Sandstrand, was ihn besonders für kleinere Kinder geeignet macht. Doch auch außerhalb des Strandbads gibt es schöne Stellen, die sich gut zum Baden eignen.

Wie kommt man zum Achernsee?

Pkw:	A 5, Ausfahrt Achern (Nr. 53), der See ist an der L 87 gelegen
Eintritt:	im Strandbad, am Wochenende und feiertags
Infos:	Campingplatz/Strandbad „Am Achernsee" 77855 Achern Telefon 07841 25253
	Stadtmarketing & Verkehrsverein Achern e. V. Hauptstraße 13, 77855 Achern www.achern.de

Bömbachsee

Ebenfalls landschaftlich reizvoll gelegen ist der **Bömbachsee** bei Altensteig. Sein flach abfallendes Ufer ist für Kinder gut geeignet. Essen und Getränke muss man sich mitbringen, spielen und toben können Kinder auch auf dem Spielplatz. Wer dann noch einen Spaziergang machen will, nutzt dazu am besten den angrenzenden Lehrpfad, wo allerhand Wissenswertes über die Landschaft vermittelt wird. Gut verbinden lässt sich der Badeausflug auch mit einem Bummel durch die hübsche Altstadt Altensteigs oder einem Besuch bei den Kamelen (s. Kap. 30 „Höcker, Himmel und Hölle?").

Wie kommt man zum Bömbachsee?

Pkw:	A 81, Ausfahrt Herrenberg (Nr. 28), weiter auf der B 28 nach Altensteig
Infos:	Verkehrsamt Altensteig (s. Kap. 30)

Ein Ziel für einen ganzen Tag: die Nagoldtalsperre

Nagoldtalsperre

Eigentlich wurde die **Nagoldtalsperre** gebaut, weil die acht Kilometer oberhalb von Erzgrube bei (Seewald-)Besenfeld entspringende Nagold immer wieder verheerende Überschwemmungen bis hinunter nach Altensteig verursacht hatte. Ein anderer Vorteil der Talsperre ist, dass in trockenen Sommern gezielt Wasser abgelassen und so das Mischungsverhältnis zwischen Frisch- und Abwasser in der Nagold verbessert wird. Ausflügler kümmert das in der Regel wenig. Sie schätzen den See für alle Arten der Freizeitgestaltung. Für Kinder gibt es einen flachen Uferbereich und einen Spielplatz. Am Nordufer kann man spazieren gehen. Eine Kleingolfanlage und ein Kinderspielplatz ergänzen das Freizeitangebot am Zufluss der Nagold in den oberen Stausee. Ein Kiosk und Gasthöfe im Dorf sorgen fürs leibliche Wohl.

Wie kommt man zur Nagoldtalsperre?

Pkw:	A 81 bis Ausfahrt Herrenberg (Nr. 28), B 28 bis Altensteig, weiter zum Ortsteil Erzgrube
Infos:	Seewald-Touristik (s. Kap. 31)

Silbersee

Den **Silbersee** möchte man allein schon wegen seines Namens besuchen. Erinnerungen an Karl May werden wach ... Der kleine Badesee bei Reinerzau, nicht weit von Alpirsbach (s. Kap. 22) liegt schön. Proviant muss mitgebracht werden.

Wie kommt man zum Silbersee?

ÖPNV/Bahn:	Es gibt gute Bahnverbindungen nach Freudenstadt. Von dort per Bus nach Reinerzau. Ab Haltestelle „Auerhahn" noch wenige Minuten weiter zu Fuß.
Pkw:	von Freudenstadt auf der B 294 direkt nach Alpirsbach, weiter nach Reinerzau
Infos:	Tourist-Information Alpirsbach (s. Kap. 22 „Beten und Büffeln")

Kippenheimweilersee

Der schöne **Kippenheimweilersee**, der im Auenwald zwischen Offenburg und Emmendingen liegt, ist hinsichtlich Einrichtungen der pure Luxus. Obwohl der Zugang zum See und damit zum Badespaß auch hier kostenlos ist, werden die Liegewiesen gepflegt, stehen Umkleidekabinen und sanitäre Einrichtungen zur Verfügung. Und wer mag, kann sich im Anglerheim verpflegen.

Wie kommt man zum Kippenheimweilersee?

ÖPNV/Bahn:	per Bahn nach Lahr, weiter mit dem Bus nach Kippenheimweiler; von dort noch etwa 10 Min. zu Fuß

Pkw:	A 5 bis Ausfahrt Lahr (Nr. 56), weiter nach Kippenheimweiler und zum See
Infos:	Ortsverwaltung Kippenheimweiler (Rathaus) Wylerter Hauptstraße 39 77933 Lahr-Kippenheimweiler Telefon 07825 870830 www.kippenheimweiler.de

Tipp:

In Sandweier, ca. 10 Kilometer außerhalb Baden-Badens, Richtung Iffezheim, findet man das **Strandbad Sandweier am Kühlsee**. In der ehemaligen Kiesgrube ist ein offizielles, bewirtschaftetes Strandbad eingerichtet worden (Telefon 07221 394911).

Wintersport im Schwarzwald

Der Schwarzwald ist, was kaum einer weiß, die „Wiege des deutschen Skisports". Vor über 150 Jahren wurde am Feldberg der erste Skiclub Deutschlands gegründet. Und sogar der Skilift wurde im Schwarzwald erfunden: Ein cleverer Schwarzwälder baute im Winter 1906/07 eine Zugvorrichtung aus Tauen und Haltestangen, die damals sogar noch von einer Wassermühle angetrieben wurde. 280 Meter lang, überwand dieser erste „Lift" einen Höhenunterschied von 30 Metern und schuf eine Technik, ohne die man sich den Abfahrtsskilauf heute nicht mehr vorstellen kann. Kein Wunder also, dass Skisport im Schwarzwald großgeschrieben wird. Rund 150 Skilifte und Seilbahnen, teilweise sogar mit Flutlicht, gibt es. Anfänger finden ideale Bedingungen, aber auch gute Skiläufer kommen auf ihre Kosten. Selbst zum Snowboarden findet man geeignete Abfahrten. Es werden Kurse für (fast) jedes Alter angeboten; ab sieben Jahren kann ein „Board" entliehen werden.

Ski heil auf dem Sommerberg!

Die Hauptskiregionen liegen im Südschwarzwald und im südlichen Mittelschwarzwald. Aber auch im Nordschwarzwald sind (neben unzähligen Loipen) zahlreiche lohnende **Pisten** für den Abfahrtslauf vorhanden. Sie führen vom „Rückgrat" Schwarzwaldhochstraße aus (genauer: von den Gemeinden Forbach, Bühl/Bühlertal, Seebach und Freudenstadt) nach beiden Seiten in die Täler. Weitere Skilifte gibt es in den (in diesem Band erwähnten) Gemeinden Alpirsbach, Altensteig, Bad Herrenalb, Bad Wildbad, Baiersbronn, Enzklösterle und Gernsbach sowie in Lossburg.

Etwas Besonderes ist das zunehmend wieder populäre **Schneeschuhwandern**. Was passiert? Ganz einfach: Mit Riemchen werden die „Schneeteller" unter den Winterschuhen befestigt – und los geht's! Das könnte doch auch einmal ein Riesenspaß für einen Familienausflug sein! Schneeschuhwanderungen werden vom Ruhestein aus, ab Baden-Baden oder Freudenstadt angeboten.

Fast alle Gemeinden haben gepflegte **Winterwanderwege** und nicht nur für Kinder ist **Rodeln** noch immer mit großem Spaß verbunden. Viele Gemeinden haben deshalb Rodelbahnen, die eine weite Anreise rechtfertigen, so am Kniebis (Länge 400 Meter, mit Flutlicht von 17.00 bis 22.00 Uhr), am Ruhestein (Länge 300

Zwerg schiebt (oder zieht?) Zwerg im Eistreff Waldbronn

Meter) oder in Baiersbronn-Tonbach (neben „Rainbaiergasse", Länge 150 Meter). Eine der schönsten Rodelbahnen findet sich unterhalb des Oberen Parkplatzes auf dem Sommerberg bei Bad Wildbad, wo man nach rasanten Talfahrten jeweils bequem wieder mit der Bahn nach oben fährt – und das sogar zu Sondertarifen!

Ultimatives in Sachen **Eislauf** findet sich in Waldbronn (s. auch Kap. 3; Infos bei der Kurverwaltung Waldbronn oder im Internet unter www.eistreff-waldbronn.de): Vollklimatisierte Hallen und modernste Technik sorgen für gleich bleibende Raumtemperaturen und damit optimale Eisqualität im **„Eistreff"**. Ein ganz besonders „Bonbon" für alle, die im Winter Geburtstag haben: Im Eistreff können in einem abgetrennten Kindergeburtstagsbereich mit Tischen und Sitzgelegenheiten (auch mit Selbstverpflegung) ganz besondere Geburtstage gefeiert werden. Gefeiert werden können Geburtstage für Kinder zwischen 6 und 15 Jahren mit 6 bis 20 Personen. Das Geburtstagskind selbst erhält ein „Eistreff-Geschenk".

Eine besonders romantische Art, den Winter zu erleben, sind **Fahrten im Pferdeschlitten**. Die Gemeinden Altensteig, Bad Teinach-Zavelstein, Baiersbronn, Freudenstadt, Neubulach, Pfalzgrafenweiler-Kälberbronn und Seewald können sie anbieten.

Informationen zu allen angesprochenen Aktivitäten gibt es bei den jeweiligen Verkehrsämtern, deren Telefonnummern in den Info-Teilen der einzelnen Kapitel zu finden sind. Viele haben auch ein „Schnee-Telefon", über das man sich über die aktuellen Wetterverhältnisse informieren kann.

Anzeige

41 Narri! Narro!

Alemannisches Fastnachtstreiben im Schwarzwald

„Schalk wach uff, Schalk mach mit, Schalk kum ra, s'isch Fasendszit!" – mit diesem Spruch wird im romantischen Schwarzwaldstädtchen **Gengenbach** alljährlich die Hauptfigur der örtlichen Fasnet, der Schalk, aus dem Schlaf geweckt. Schon seit 1499 Jahr für Jahr. Mit dem „Schalkwecken" und dem „Hemdeglunker-Umzug" am Abend ist dann auch die Gengenbacher Fasnet offiziell eröffnet. Anders als an anderen Orten im Kinzigtal, wo mit dem Narrenwecken zugleich die Straßenfasnet beginnt, wird in Gengenbach erst am Mittwoch vor dem „Schmutzigen Donnerstag" der Narrenbaum aufgestellt, beginnt die „Straßenfasnet": Überall in den Straßen sieht man dann die „Klepperlesbuben", die „Spättle" und Hexen. Vor allem die Hexen, in denen übrigens immer nur Männer stecken dürfen, strecken ihre gigantischen Nasen überall hinein und treiben viel närrisches Unwesen mit allen, denen sie begegnen.

Während der tollen Tage sind die Hexen los

In der fünften Jahreszeit herrscht überall im Schwarzwald Ausnahmezustand – und das flächendeckend. Kaum eine Stadt, ein Ort, wo es kein Fastnachtstreiben gibt. Aber im Gegensatz zum Karneval im Rheinland ist die Schwäbisch-Alemannische Fastnacht von ihren regionalen und lokalen Traditionen geprägt. Von Ort zu Ort sind die Kostüme, die Masken und Bräuche unterschiedlich. Einen recht gu-

ten Überblick darüber bekommt man im **Narrenmuseum Niggelturm**. Hier, in einem ehemaligen Wehrturm Gengenbachs, ist auf
sieben Stockwerken ein Narrenmuseum eingerichtet. Viele der be-
kannten Narrengestalten sind in Lebensgröße und in närrischen
Aktionen versammelt. Zudem erfährt man vieles über die Art der
Narrenkleidung, welche Utensilien zu welchen Figuren gehören und
wie die wertvollen Holzmasken entstehen.

Umzüge und Veranstaltungen finden vielerorts statt. Eines der
aufregendsten Spektakel der Schwäbisch-Alemannischen Fastnacht,
das man unbedingt wenigstens einmal erlebt haben muss, findet
heute wie seit Hunderten von Jahren in **Rottweil** statt: der

Hästräger bestimmen das Bild in den Straßen Rottweils

„**Rottweiler Narrensprung**". Tausende von Zuschauern erwarten den Glockenschlag, der am Fasnetsmontag jeweils um 8.00 Uhr, am Fasnetsdienstag jeweils um 8.00 und um 14.00 Uhr den Beginn der großen Umzüge ankündigt. Aus dem gotischen Torbogen des Schwarzen Tors kommen nun zuerst die Reiter mit der Reichsstadtstandarte. Ihnen folgt, geführt vom „Langen Mann", der Narrensamen, jugendlicher Narrennachwuchs. Angeführt vom Narrenengel strömen all die anderen nach: die würdigen „Schantle" mit ihren schön bemalten Schirmen, die freundlichen „Gschell-narren", an Narrenwurst und -buch erkennbar, der grimmig dreinblickende „Biß" und immer wieder im gefiederten Mantel ein „Fedrahannes", der an seiner langen Stange die tollsten Sprünge macht und die Zuschauer neckt. Eine Einzelgestalt ist der „Guller", eine Art Hahn, der wohl in Zusammenhang mit einem Fruchtbar-keitsbrauchtum steht. Und gegen Ende zu faszinieren den Zuschauer die wilden „Brennerrössle", die von ihren jeweils zwei Treibern die Straße entlang gepeitscht werden. Rund 3 000 Narren sind auf den Beinen. Doch wie fast überall, ist auch hier in Rottweil die Fastnacht hinter den Kulissen eine ernste Angelegenheit: Nur ein echter Rottweiler – oder mindestens 15 Jahre Ansässiger – darf ein Narren-kleid tragen. Und auch das Narrenkleid selbst wird jedes Mal aufs Neue streng überprüft, ob es den historischen Vorgaben entspricht.

Nicht minder schwer als die Entscheidung, wo man mitfeiert, welchen Umzug man besucht, ist für „unbeteiligte" Zuschauer die Entscheidung, wo man dem letzten Akt im närrischen Geschehen beiwohnt. Ist man dabei, wenn wie an etlichen Orten im Kinzigtal, so auch in Alpirsbach, die Fastnacht verbrannt wird? Oder ist man noch einmal in Gengenbach mit von der Partie, wenn der Schalk wieder bis zum nächsten „Narrenwecken" zurück in den Niggelturm verbannt wird?

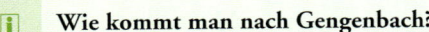

Wie kommt man nach Gengenbach?

ÖPNV/Bahn:	per Bahn bis Bahnhof Gengenbach
Pkw:	A 5 bis Ausfahrt Offenburg (Nr. 55), E 531 bis Gengenbach

Narrenmuseum Niggelturm

Geöffnet:	April bis Oktober	
	mittwochs, samstags	14.00 – 17.00 Uhr
	sonntags	10.00 – 12.00 Uhr
	und	14.00 – 17.00 Uhr
	Sonderführungen nach Vereinbarung	

Infos: Anmeldungen für Gruppenführungen
              Kultur und Tourismus GmbH
              Im Winzerhof, 77723 Gengenbach
              Telefon 07803 930143 oder 19433
              www.stadt-gegenbach.de und
              www.narrenzunft-gengenbach.de

Wie kommt man nach Rottweil?

ÖPNV/Bahn: per Bahn

Pkw: A 81 bis Ausfahrt Rottweil (Nr. 34)

Infos: Tourist-Info Rottweil, Altes Rathaus
              Hauptstraße 21 – 23, 78628 Rottweil
              Telefon 0741 494-280, www.rottweil.de

Tipp:

Den Flyer „Schwarzwälder Fastnacht" mit allen Terminen zur
Fastnacht im Kinzigtal gibt es bei der

Tourist Information „Gastliches Kinzigtal" e. V.
Im Alten Kapuzinerkloster, 77716 Haslach
Telefon 07832 706173
www.gastliches-kinzigtal.de und www.kinzigtal.com

Das Naturerlebnis für Groß und Klein

Aus dem Naturpark-Logo wird augenblicklich klar, was den Schwarzwald ausmacht: Ausgedehnte Wälder, blaue Seen, Wiesen und Weiden als grüne Bänder, die die Landschaft gliedern – der Schwarzwald ist eine der schönsten Mittelgebirgslandschaften in Deutschland. Der Naturpark Schwarzwald Mitte/Nord ist der größte Naturpark in Deutschland und eine Landschaft voller Leben. Diese zu erhalten und Wege in eine nachhaltige Zukunft unserer Region aufzuzeigen, ist unsere Aufgabe.

Wir wollen, dass Sie sich aktiv in unserer wunderschönen Schwarzwaldlandschaft erholen können, z. B. beim Wandern. Eine Auswahl besonders schöner Wandertouren stellen die NaTouren, eine Wanderführerserie für Familien, die Wanderungen abseits der ausgetretenen Pfade beschreibt, dar. Der Entdeckerdrang der Kinder steht hier im Vordergrund.

Im Internet finden Sie in unserem Erlebnisportal unter www.naturparkschwarzwald.de eine Auswahl an NaTouren. Mit wenigen Mouseklicks können Sie sich die für Sie passenden Strecken anzeigen und ausdrucken lassen. Klicken Sie doch mal rein!

Na, haben Sie Lust aufs „Entdecken" bekommen? Oder darf es für Sie lieber eine Nordic-Walking-Tour oder eine ausgedehnte Mountainbike-Fahrt sein? 1 600 km Nordic-Walking- und 4 000 km ausgewiesene Mountainbike-Strecken und viele weitere Aktionsangebote erwarten Sie.

Speziell für unsere Kleinen – die Naturpark-Kids – gibt es im Naturpark tolle Sachen zum Staunen und Mitmachen.

In Kooperation mit dem Naturschutzzentrum Ruhestein (Telefon 07449 910-20) wurde z. B. eine Tierflyer-Serie entwickelt.

Außerdem wird das ganze Jahr über ein Wald- und Naturpädagogisches Programm angeboten.

Naturpark Schwarzwald Mitte/Nord e. V.
Naturpark-Geschäftsstelle auf dem Ruhestein
Schwarzwaldhochstr. 2, 77889 Seebach
Telefon 07449 913054, Telefax 07449 91 31 01
info@naturparkschwarzwald.de
www.naturparkschwarzwald.de

NATURPARK SCHWARZWA
MITTE/NORD

Der Schwarzwaldverein e. V. ist seit über 140 Jahren für den Schwarzwald und seine Besucher aktiv.

Mit 240 selbstständigen Ortsgruppen und rund 85.000 Mitgliedern ist der Schwarzwaldverein als zweitgrößter Wanderverband Deutschlands und anerkannter Naturschutzverband zwischen dem Kraichgau im Norden und dem Hochrhein im Süden aktiv. Vom Rhein im Westen wird ein Gebiet bis zu Neckar, Donau und westlichem Bodensee im Osten abgedeckt.

Landschaftsschutz - Die Natur braucht unseren Schutz in den vielen naturnahen Gebieten, die im Schwarzwald noch großflächig vorhanden sind. Der Schwarzwaldverein tritt dafür ein, dass sich auch künftige Generationen an einer intakten Natur erfreuen können. Seit mehr als 100 Jahren leistet er praktische Naturschutzarbeit und Landschaftspflege.

Heimatpflege reicht von der Renovierung historischer Baudenkmale, Unterhaltung von Kleindenkmalen, Aussichtstürmen, dem Aufbau von Museen mit altem Handwerk bis hin zur Pflege von Mundart, Brauchtum und Tradition. Ziel ist es, die Zeugnisse der Vergangenheit im Schwarzwald mit seinen Jahrhunderte alten Bräuchen und seiner traditionsreichen Kulturlandschaft zu schützen und zu bewahren.

Markierung und Unterhaltung des über 23 000 Kilometer großen Wanderwegenetzes gehören ebenso zu seinen Aufgaben, wie Aufbau und Umsetzung des flächendeckenden Wegenetzes mit einheitlicher, durchgängiger Markierung im ganzen Schwarzwald, das mit Wegweisern zielgerichtet Auskunft gibt und dem Wanderer Sicherheit bietet.

Wandern, Jugendarbeit, Familienwandern haben mit einem breiten Freizeitangebot einen festen Platz im Verein. Er bietet geführte Wanderungen in der abwechslungsreichen Landschaft des Schwarzwaldes mit seinen Höhen und Gipfeln, Felsen, Mooren, Seen und Wiesen an.

Das Programm der Wanderakademie Baden-Württemberg mit Wanderangeboten wird durch Seminar- und Schulungsangebote abgerundet. Eine attraktive und informative Vereinszeitschrift zu den Themen Wandern, Heimatpflege, Natur, Kultur und Freizeit erscheint viermal im Jahr.

Die Wanderkarten und Wanderbücher des Schwarzwaldvereins werden regelmäßig überarbeitet und sind eine wertvolle Hilfe auf dem Weg zum Erlebnis „**NATUR**".

Weitere Infos: www.schwarzwaldverein.de

Allerheiligen, zwischen Kloster und Wasserfall

Orts-/Stichwortverzeichnis

(mit Kapitelangaben)

Orts-/Stichwortverzeichnis
(mit Kapitelangaben)

Orts-/Stichwortverzeichnis
(mit Kapitelangaben)

Einfach herrlich: der Schwarzwald im Frühherbst

Mit Kindern unterwegs

Mit Kindern unterwegs
**Im Naturpark
Südschwarzwald**

ISBN 978-3-87230-595-4

12,80 €

Mit Kindern unterwegs
**Entlang der Ostseeküste
Mecklenburg-Vorpommerns**

ISBN 978-3-87230-597-8

12,80 €

www.verlag-fleischhauer.de

Bitte hier abstempeln und Datum eintragen!

01	02	03	04
05	06	07	08

Ab in den Briefkasten und schicken an:

Fleischhauer & Spohn GmbH & Co. KG
Mundelsheimer Straße 3, 74321 Bietigheim-Bissingen
Postfach 17 64, 74307 Bietigheim-Bissingen

Absender:

Name......................

Straße.....................

PLZ/Ort...................

Bitte ankreuzen:

O Junge   O Mädchen